DON BOSCO

Rita Diepmann

tri tra trallala

42 Kasperlstücke für den Kindergarten

DON BOSCO

Gerne nehmen wir Ihre Anregungen, Wünsche, Kritik oder Fragen entgegen:
Don Bosco Medien GmbH, Sieboldstraße 11, 81669 München
Servicetelefon: (0 89) 4 80 08-341

Bibliografische Information der Deutschen Nationalbibliothek

Die Deutsche Nationalbibliothek verzeichnet diese Publikation in der Deutschen Nationalbibliografie; detaillierte bibliografische Daten sind im Internet über http://dnb.d-nb.de abrufbar.

15. Auflage 2011 / ISBN 978-3-7698-0510-9

Umschlag: ReclameBüro, München
Gesamtherstellung: Don Bosco Druck & Design, Ensdorf

Gedruckt auf umweltfreundlichem Papier.

Inhalt

Vorwort

Die hier vorgelegten Kasperlstücke sind hauptsächlich für den Kindergartengebrauch aufgeschrieben. Sie eignen sich aber auch für die gleiche Altersstufe

- zum Spielen in der Familie, z. B. bei einem Kindergeburtstag,
- als Darbietung bei Straßen- oder Dorffesten,
- als Anregung für alle, die gerne Kasperltheater spielen oder sehen.

Der Anlaß zu dieser Art von Spielen war der Entschluß unseres Kindergartenteams, zu jedem Kindergeburtstag ein Kasperlstück zu spielen. Bald waren die altbekannten Stücke vorgeführt, bzw. sie scheiterten oft an praktischen Möglichkeiten. – Es spielt nämlich immer nur ein Erzieher, eventuell mit Hilfe eines Kindes. Unsere „Bühne" besteht aus einem rollbaren Spielzeugschrank (70 cm Höhe), den ich mit etwas Abstand vor die zuschauenden Kinder schiebe. Dahinter hocke ich mit meinen zwei bis drei Puppen und den Utensilien. Kulissen habe ich nicht. Ein „Einüben" des Stückes erfolgt nicht; dadurch entfallen zeit- und lustraubende Vorbereitungen. Den Leitfaden der Spielhandlung überlege ich mir selbstverständlich vorher. Oft verändern aber Geschehnisse im Tagesablauf oder Äußerungen während des Spiels den Inhalt des Stückes. Dies verlangt viel Flexibilität und Spontaneität, aber allmählich gewinnt man Vertrauen, Mut und Selbstsicherheit. Durch die positiven Erfahrungen animiert, führte ich auch Kasperlstücke auf, die zu verschiedenen Themen paßten, die wir gerade besprachen und bearbeiteten. Heute wage ich mich mit Kasperl und seinen „Kollegen" auch an ganz spontane Stücke, die aus einer konkreten Alltagssituation entstehen.

Meine Erfahrungen nach drei Jahren Kasperlspiel aus dem Stegreif sind folgende:

- Kinder lassen sich auch durch kleinere Geschehnisse begeistern.
- Sie erwarten nicht unbedingt „action", passende Kulissen, Perfektion.

- Sie werden durch diese *einfache* Art des Kasperlspiels zum Selberspielen ermuntert.
- Fehlender Text verstärkt mein Eingehen auf spontane Reaktionen der Kinder.
- Praktische Pannen sind kein Unglück, sondern allenfalls Anlaß zu Gelächter.

All diese Aspekte haben mich dem Kasperltheater wieder näher gebracht. Nach einiger anfänglichen Skepsis und Unsicherheit im Umgang mit solchen Spielen werden auch Sie gewiß positive Erfahrungen machen und Freude und Sicherheit gewinnen. Kasperl kann dann wieder Einzug halten im Kindergartenalltag, in der Familie, bei Kinderfesten usw.
Lassen Sie die nur entmutigenden und hindernden Vorstellungen vom „perfekten" Kasperlspiel fallen. Über Mut, Ideen, Spontaneität und Flexibilität verfügen Erzieher und Eltern doch sowieso.

Erläuterungen: Ich habe jedes der hier aufgeschriebenen Kasperlstücke selbst im Kindergarten durchgeführt – bis auf die letzten zwei. Die ersten Stücke habe ich zu Ihrer Hilfe „wörtlich" aufgezeichnet. Die nachfolgenden habe ich bewußt nur noch inhaltlich wiedergegeben, um Sie nicht zu sehr festzulegen. Zu Ihrer Information und zur Kennzeichnung der Situation habe ich Ereignisse und Erfahrungen zu jedem Spiel festgehalten. Die Titel, Figuren und Utensilien, die ich verwendet habe, können Sie je nach Situation verändern, ebenso den Verlauf des Stückes. So entstehen spontan neue Spiele.

Je spontaner, freier und direkter Sie spielen, desto mehr Freude vermitteln Sie damit Ihren Kindern. In einem solchermaßen lockeren Spiel können auch einmal – über das Medium der geliebten Handpuppen – sonst oft recht schwierige Probleme einzelner oder der Gruppe wesentlich leichter und effektiver aufgearbeitet werden. Ein wie auch immer geartetes Lernen darf aber nie Hauptziel des Puppenspiels sein. Fröhliches Spielen ist ein mehr als hinreichendes pädagogisches Ziel! Dem wollen die folgenden zweiundvierzig Stücke dienen.

Rita Diepmann

Geburtstage

Das arme Krokodil

Figuren: Kasperl, Krokodil
Requisiten: Perle, Kinderzange

Ich hatte bei unserem Stoffkrokodil eine weiße Perle hinten im Maul festgenäht. Diese verursachte nun dem armen Krokodil arge Zahnschmerzen.

KASPERL: Tri-tra-trallala . . .
Guten Tag, liebe Kinder, und guten Tag, liebes Geburtstagskind. Ja, da staunt ihr wohl, daß ich von eurer Geburtstagsfeier weiß. Aber das Krokodil hat mir davon erzählt, das lag ja vorhin dort auf dem Schrank. Nun wollte ich mit dem Krokodil zum Gratulieren kommen. Also herzlichen Glückwunsch, liebe(r) . . .
Ja, aber wo bleibt denn nur das Krokodil?
Krokodil, wo bist du? Ruft doch mal alle mit, Kinder.
(Die Kinder rufen das Krokodil. Man hört stöhnen und jammern im Hintergrund.)
KROKODIL: Ja, ich komme! Aber, oh, schreit doch nicht so!
KASPERL: Ja, was jammerst du denn so? Was ist denn los?
KROKODIL: Oh, Kasperl, ich habe so schreckliche Zahnschmerzen. Kannst du mir nicht helfen? Schau doch mal in meinen Mund.
KASPERL: Gut, aber ja nicht zubeißen!
KROKODIL: Nein!
KASPERL: Das sieht böse aus. Da sitzt ein dicker, komischer Zahn, und der wackelt auch noch. Richtig, die Kinder sagen es schon, damit mußt du zum Zahnarzt gehen.
KROKODIL: Bei dem war ich ja schon. Aber er hat mich nicht hineingelassen. Der hatte Angst, daß ich ihn beiße. Oh, was soll ich nur machen? Es tut so weh!
(Vorschläge der Kinder aufgreifen.)
KASPERL: Ja, mit einer Zange ginge es vielleicht. Aber wer von euch ist so mutig? So, du . . ., und du . . .? Ihr seid wohl alle so mutig? Krokodil, was meinst du, sollen wir das Geburtstagskind mal fragen, ob es dir helfen will. Ja! Liebe(r) . . ., willst du dem armen Krokodil helfen? – Ja? Dann komm doch bitte

hierher. Schau dir mal den Zahn an! Krokodil, mach den Mund auf und halte still! Nun, was meinst du, muß der Zahn gezogen werden? – Gut, dann werde ich jetzt die Zange holen.

(Kasperl geht ab, kommt mit einer kleinen Zange wieder, Krokodil jammert.)

KASPERL: So, da bin ich wieder, und hier ist die Zange, bitte schön. Nun mal los! Krokodil, du mußt jetzt tapfer sein. Es wird etwas weh tun, aber es muß sein. . . . wird vorsichtig sein, nicht wahr? – Und nachher ist wieder alles gut! Also, Mund auf, Krokodil! Ich werde dich etwas streicheln, liebes, gutes Krokodil . . . Nun mal ran, Herr Zahnarzt (Frau Zahnärztin).

(Während Kasperl das Krokodil streichelt, holt der „Zahnarzt" mit der Zange den „kranken" Zahn heraus.)

KROKODIL: Aua, vorsichtig!

KASPERL: Ja, Krokodil, etwas Geduld noch!

(Krokodil jammert, Kasperl tröstet, endlich ist der „Zahn" heraus.)

KROKODIL: Ah, wie gut! Meine Zahnschmerzen sind weg. Liebe(r) . . ., ich danke dir!

KASPERL: Das hast du gut gemacht, . . .

KROKODIL: Den Zahn darfst du behalten. Den schenke ich dir zum Geburtstag. Und feiert noch schön! Ich gehe jetzt erst mal ins Wasser, in meinen schönen Dorfteich. Auf Wiedersehen, liebe Kinder!

KASPERL: Ja, und ich gehe jetzt auch nach Hause. Bis bald, Kinder, tschüß!

(Beide gehen ab.)

Von diesem Spiel waren die Kinder sehr mitgerissen. Sie haben mit dem Krokodil gelitten. Das sah praktisch so aus: Viele Kinder standen direkt vor der Kasperlbühne, streichelten und trösteten das Krokodil und ermunterten oder ermahnten den „Zahnarzt". Die Kinder, die noch saßen, konnten nichts mehr sehen. Da ich als einziger Erzieher in der Gruppe war, stand ich kurz auf und forderte die Kinder zum Sitzen auf, was aber an ihrer großen Anteilnahme scheiterte. Ich kniete mich also wieder hin, denn ich mußte ja weiterspielen. Zwischen einem „Aua" des Krokodils ertönte dann Kasperls Ruf: „Kinder, kommt doch alle her, sonst könnt ihr nichts sehen", dann wieder „Aua" . . .

Obwohl die Kinder aus dieser Nähe meinen Kopf sehen konnten und meinen Mund, wenn ich sprach, litten sie doch sehr mit dem Krokodil. Diese Beobachtung hat mir Mut gemacht, mit solchen unkomplizierten Kasperlspielen fortzufahren. Denn sie hat mir bestätigt, daß die Kinder nicht viel Aufwand, Kulisserie oder gar Perfektion erwarten.

Kasperls Unfall

Figuren: Kasperl, Seppel
Requisiten: großer Stein, Verband, Heftpflaster, rote Knete

KASPERL: Tri-tra-trallala . . .
Guten Tag, liebe Kinder. Guten Tag, liebe(r) . . . Ich habe gehört, du hast heute Geburtstag. – So, du wirst . . . Jahre alt. Ich gratuliere dir herzlich zum Geburtstag und wünsche dir alles Gute. Ja, und nun muß ich hier auf den Seppel warten. Ich bin mit ihm verabredet, wir wollen gemeinsam einen Spaziergang machen. Ich schlage vor, wir rufen ihn alle zusammen: ,,Seppel, Seppel!" Der kommt immer noch nicht, ich laufe schnell hin und seh mal nach, wo er bleibt.

(Kasperl rennt nach rechts weg und fällt über den Stein. Mit der freien Hand drückt man schnell die rote Knete auf sein Knie.)

KASPERL: Au, aua, mein Knie tut so weh. Oh, ich blute sogar. Und aufstehen kann ich auch nicht. Oh je, was mache ich bloß?

(Vorschläge der Kinder beantworten.)

KASPERL: Hoffentlich kommt der Seppel bald, er war ja mit mir hier verabredet. Bitte, Kinder, ruft ihn noch einmal.

KINDER: Seppel, Seppel!

SEPPEL *(aus dem Hintergrund)*: Ruhe, ich schlafe noch!

(Kinder rufen ihn und erzählen, was geschehen ist.)

SEPPEL: Was sagt ihr da? Was ist passiert?

(Kinder erzählen weiter und deuten auf den verletzten Kasperl.)

SEPPEL: Oh, armer Kasperl, du bist über einen Stein gefallen? Du blutest ja sogar! Oh, oh, ich kann kein Blut sehen!

(Seppel fällt in Ohnmacht und liegt bei Kasperl.)

KASPERL: Der Seppel fällt einfach in Ohnmacht. So was, er sollte mir doch helfen! Nun muß ich mir was anderes überlegen.

(Auf Vorschläge der Kinder eingehen.)

KASPERL: Ich hab eine Idee! Das Geburtstagskind kann mir vielleicht helfen . . . Kommst du mal her? Guten Tag, . . . Danke, daß du mir helfen willst! Zuerst rüttle mal bitte den Seppel wach.

SEPPEL: Oh, Kasperl, ich kann dir nicht helfen. Aber wer ist denn das?

KASPERL: Das ist . . ., sie (er) wird mich verbinden, und du sollst die Sachen holen. Also hol einen Verband und ein Stück Heftpflaster.

SEPPEL: Wird gemacht!

KASPERL: Hoffentlich findet er die Sachen. Mein Knie tut so weh.

SEPPEL: So, da bin ich wieder, und hier sind die Sachen. Bitte!

(Er gibt dem Kind den Verband.)

KASPERL: Liebe(r) . . ., sei vorsichtig, wenn du mich verbindest. Nun ist es schon viel besser. Jetzt muß nur noch das Pflaster drauf.

(Seppel reicht dem Kind das Pflaster.)

KASPERL: Oh ja! Nun fühle ich mich schon viel besser! Danke, . . ., für deine Hilfe! Halt, nimm noch den Stein mit, damit nicht noch jemand fällt.

So, Seppel, nun hilf mir beim Aufstehen. Vorsichtig, ja, es geht! Aber einen Spaziergang werde ich nicht machen können.

SEPPEL: Den holen wir nächste Woche nach. Nun gehen wir erst mal nach Hause. Auf Wiedersehen, Kinder!

KASPERL: Auf Wiedersehen und noch viel Spaß bei der Geburtstagsfeier. Und nochmals danke für deine Hilfe, liebe(r) . . . Tschüß!

(Beide gehen ab.)

Ich habe dieses Spiel am fünften Geburtstag eines ruhigen Mädchens gespielt. Das Kind war der Rolle als ,,Krankenschwester" gewachsen, ist aber auch durch das Spielen dieser Helferrolle zusehends ,,gewachsen".

Als ich nach einiger Zeit anläßlich des nächsten Geburtstages Kasperl holte, fragten ihn einige Kinder, ob sein Knie gut verheilt sei. Über diese Nachfrage habe ich mich sehr gefreut, zeigte sie mir doch, wie diese Aufführung auch die übrigen Kinder beeindruckt hatte.

Kasperl gratuliert zum Geburtstag

Eines Tages, wir hatten schon mehrere Geburtstage in diesem Monat hinter uns, kam wieder ein strahlendes Geburtstagskind in die Gruppe. Ich hatte diesen Termin vergessen und mußte die Geburtstagsfeier kurzfristig planen. Mir fiel aber kein Kasperlstück ein. Kurzerhand, jedoch mit etwas Unbehagen, entschloß ich mich, Kasperl als Gratulant einzusetzen.

Figuren: Kasperl und andere nach Belieben
Requisiten: hübsch verpackte Geburtstagsgeschenke

KASPERL: Tri-tra-trallala . . .
Guten Tag, liebe Kinder. Oh, was sehe ich? Ihr feiert schon wieder Geburtstag! Da wollen wir doch mal alle zusammen ein Liedchen singen: Hoch soll sie (er) leben, . . . Also, liebe(r) . . ., herzlichen Glückwunsch zum Geburtstag. Oh, ich bin aber ein Dummkopf, ich habe ja die Geschenke vergessen. Moment mal, ich bin gleich wieder da!

(Kasperl geht trällernd weg, kommt stöhnend wieder.)

KASPERL: Oh, ist das schwer! So, da bin ich wieder. Nun komm doch mal hierher, liebes Geburtstagskind. Nochmals herzlichen Glückwunsch, und das ist mein Geschenk für dich. Bitte schön! Moment, ich habe noch etwas, ich muß nur mal eben verschwinden und es holen.
So, hier kommt das zweite Geschenk. Bitte! Nun leg mal eben die Geschenke weg, da kommen nämlich noch mehr Leute, die dir gratulieren wollen.

(Großmutter, Gretel, Seppel erscheinen und begrüßen die Kinder.)

KASPERL: Da staunst du, was! Wir alle wollen dir noch ein Geburtstagsständchen bringen! Singt ihr mit, Kinder? Eins, zwei, drei: Wir wollen dir gratulieren . . .

(Nach dem Lied gratuliert jede der Figuren dem Kind.)

KASPERL: Das war schön! Nun wünsche ich euch noch viel Spaß beim Kindergeburtstag. Tschüß bis zum nächsten Mal.
Auf Wiedersehen!

(Alle Puppen verabschieden sich und marschieren ab.)

Ich war erstaunt, wie die Kinder dieses Kasperl-„Stück“ akzeptierten. Sie verlangten nicht nach Räuber, Hexe, . . . oder nach großartiger Aktion.
Bei diesem Spiel brauchte ich die Hilfe eines Kindes. Kleinere Rollen übernehmen Kinder sehr gern. Besonders stillere oder schüchterne Kinder kann man damit fördern. Außerdem werden die Kinder animiert, auch im Freispiel selbst Kasperltheater zu spielen. Die Puppen stehen ihnen zur freien Verfügung.
Ich habe dieses Stück mit kleinen Variationen noch einige Male danach gespielt. Irgendwann habe ich dann wieder ein „klassisches“ Kasperlstück vorgeführt. Sehr enttäuscht erzählte das betroffene Geburtstagskind daraufhin seiner Mutter, es habe nichts zum Geburtstag geschenkt bekommen. Die Geschenke, von mir und den Kindern direkt überreicht, hatten nicht solche Bedeutung.
Ich habe aber das Geschenke-Überreichen durch Kasperl nicht grundsätzlich ins Spiel aufgenommen. Das würde doch wohl zu eintönig. Ich behalte es als gute Möglichkeit und Erfahrung in Erinnerung.

Das Geschenkefresserchen

Figuren: Kasperl, Geschenkefresserchen
Utensilien: eingepackte und uneingepackte Geschenke

Unsere „Schulkinder" bekommen zur Entlassung eine Schultüte, in der u. a. je eine selbstgefertigte Handpuppe ist.
Diese sind aus alten Strümpfen folgendermaßen hergestellt: Die Sohlen werden mit dünner Pappe und dann mit Filz beklebt; das ist das Maul. Obenauf werden Augen und Nase aus Perlen angenäht, Augenbrauen aus Garn, eventuell auch ein Bart. Lassen Sie Ihrer Phantasie freien Lauf! Diese Puppen sehen allerliebst aus und werden von den Kindern heiß geliebt.

Von der letzten Entlassung waren einige solcher Figuren übriggeblieben. Eine davon habe ich als „Geschenkefresserchen" in diesem Kasperlstück verwendet.
Wir haben wie gewohnt alles für die Geburtstagsfeier vorbereitet. Jedoch fand ich – „zu dumm" – die Geschenke für das Geburtstagskind nicht mehr. Ich tat recht ratlos, und das betreffende Kind war es tatsächlich. Dann überlegte ich mit den Kindern, ob wir das Kasperlspiel vorziehen sollten, vor das Geburtstagslied, vor das Gratulieren . . . Vielleicht könne uns Kasperl helfen. Die Kinder waren natürlich einverstanden: Sie riefen den Kasperl, und ich verschwand mit Puppen und Utensilien hinter der „Bühne".

Kasperl kommt eilig angelaufen, weil die Kinder ihn rufen. Er fragt, was denn los sei, worauf die Kinder ihm die Situation erklären. Er ist erstaunt, ratlos, auch er hat die Geschenke auf dem Regal liegen sehen. Ein Kind soll noch mal nachsehen – nein, sie sind wirklich nicht mehr da. Kasperl sucht auf der Bühne, er schickt die Kinder in die Puppenecke, in die Bauecke, zu den Spielzeugschränken – nirgends finden sie die Geschenke. Nun sucht er selbst mal hinter der Bühne. Da findet er etwas – aufgerissenes Geschenkpapier, genau solches, wie das „Fräulein" heute morgen mit den Kindern zusammen benutzt hat, um die Geschenke für . . . einzupacken. Ratlosigkeit und Spannung wachsen. Plötzlich hört man hinter der Bühne jemand schmatzen und grunzen. Alles horcht auf. Was ist das? Kasperl schleicht sich nach unten, woher das Geräusch kommt. Da! ruft er und kommt mit dem Geschenkefresserchen wieder hoch. Das Tier hat gerade die Flöte im Maul, die als Geschenk für das Geburtstagskind eingepackt war. Schnell darf das Kind die Flöte holen. Nun, mit leerem Maul, kann das komische Tier auch sprechen. Es wird streng von den Kindern und vom Kasperl verhört. Das Geschenkefresserchen erzählt reuevoll, es habe erst ein Geschenk gefressen – einen Luftballon, weil es solch einen Hunger gehabt habe, und es habe ja auch nicht gewußt, daß die Geschenke für das Geburtstagskind gedacht seien. Schnell holt es die anderen Geschenke, die es als Vorrat versteckt hat. Nun kann das Geburtstagskind die Geschenke in Empfang nehmen. Als Entschuldigung bietet sich das Tier nun selbst als Geschenk an, womit das Kind voll für den leider „gefressenen" Luftballon entschädigt ist. Froh über die gefundene Lösung wünscht Kasperl noch eine schöne Geburtstagsfeier und verabschiedet sich.

Dieses Stück ist bei den Kindern toll angekommen. Man kann es natürlich nur bei einem älteren, psychisch stabilen Kind ansetzen. Während des Suchens mußte ich das Geschenkefresserchen und die verschiedenen Utensilien schnell unter meinem Rock verstecken, denn die Kinder suchten natürlich auch hinter der Bühne, wo Kasperl sie gar nicht hingeschickt hatte. Die Episode mit dem aufgerissenen Geschenkpapier habe ich mir während des Spiels überlegt, als ich merkte, daß ich die Spannung ruhig noch steigern konnte. Hinterher war das Geburtstagskind wirklich voll entschädigt für alle Unsicherheit und Wartezeit. Das Geschenkefresserchen war wohl sein schönstes Geschenk. Oft sprechen die Kinder noch von dieser Figur. Auch meine Kolleginnen haben dieses Stück mit Erfolg aufgegriffen.

Kasperl feiert mit uns Kindergeburtstag

Figuren: Kasperl, Räuber
Utensilien: Einladungsbrief vom Geburtstagskind

Ein sehr quirliger Junge feierte seinen fünften Geburtstag. Er zählte schon seit einer Woche die Nächte (noch fünfmal, noch viermal . . . schlafen). Wir überlegten, wer denn wohl diesmal beim Kasperl dabeisein würde. Das Geburtstagskind wünschte sich dringend den Kasperl und den Räuber. Doch wie sollten die beiden das wissen? Ich schlug dem Jungen vor, ihnen einen Brief zu schicken (so konnte ich ihn endlich mal zum Basteln animieren). Er faltete einen Briefumschlag und verzierte ihn mit einer Briefmarke; ich schrieb die Adresse darauf:

An Kasperl	Von . . .
001 In Kasperlhausen	im Kindergarten . . .

Dann holte ich eine passende weiße Karte, auf die er den Kasperl und den Räuber malte. Zur Erklärung schrieb ich nach seinen Worten folgendes hinzu:

> *Lieber Kasperl!*
> *Du sollst zu meinem Geburtstag kommen.*
> *Bring auch den Räuber mit.*
>
> *Viele Grüße,*
> . . .

Dann brachten wir den Brief ins Büro, zur Kindergartenleiterin, die den Kasperl heute wohl noch sehen würde, da sie in einer anderen Gruppe Geburtstag feiern mußte.
Der Junge war überglücklich, jedem zeigte er den Brief. An diesem Morgen wurden nur noch Briefe gefaltet und geschrieben für alle möglichen Leute.

Kasperl kommt mit Tri-tra-trallala auf die Bühne. Er hat von dem Geburtstag erfahren und möchte gratulieren. Er bedankt sich herzlich für die Einladung. Ja, die Leiterin habe sie ihm gegeben. Aber nun kann er den Brief nirgendwo finden. Und er möchte ihn doch

allen Kindern zeigen, weil er so schön war. Ja, und dem Räuber hat er auch noch nicht Bescheid gegeben. Er hat ihn gestern wohl ums Haus schleichen sehen, doch als er ihn gerufen hat, ist dieser schnell weggelaufen.
Da kommt mit Gelächter der Räuber auf die Bühne, in der Hand hält er den Brief. Kasperl fragt ihn aus, woher er den Brief habe. Der Räuber gesteht, er habe den Brief aus Kasperls Haus gestohlen. Schließlich sei der Brief ja auch für ihn. Kasperl widerspricht, der Brief sei an ihn geschickt. Und überhaupt habe der Räuber ja vorher gar nicht wissen können, was drin stehen würde. Also bleibe es Diebstahl.
Nun liest Kasperl die Einladung vor, und die Kinder dürfen nach vorne kommen und sich Brief und Karte ansehen. Auch der Räuber bedankt sich für die Einladung. Kasperl fragt das Geburtstagskind, ob es den Räuber unter diesen Umständen überhaupt noch dabeihaben möchte und ob es ihm noch mal eine Chance geben würde. Das Geburtstagskind entscheidet sich (in diesem Fall) für Ja. Der Räuber verspricht, sich zu bessern, und Kasperl will auf ihn aufpassen. Kasperl und Räuber freuen sich aufs Mitfeiern; das haben sie noch nie gemacht. Also müssen alle Kinder einen Stuhl weiterrücken, so daß der Platz neben dem Geburtstagskind frei ist. Nun holt der Junge die Figuren und setzt sie neben sich.

Als ich hinter der Bühne hervorkam, herrschte atemlose Stille im Raum. Der Junge strahlte. So etwas hatte es vorher noch nicht gegeben. Ich war selbst gespannt, wie es weitergehen würde. Ich begrüßte Kasperl und Räuber in unserer Runde und machte mit der Feier weiter wie üblich. Jedoch nur kurz, denn der Bann des Außergewöhnlichen hielt nicht lange an. Die Kinder wollten mit den Puppen spielen. Ich ging mit dem Geburtstagskind und den Puppen nochmals hinter die Bühne. Jeder nahm eine Puppe. Wir sangen nochmals tri-tra-trallala, und beide Figuren bedankten sich; es sei schön gewesen, doch nun müßten sie nach Hause. Der Junge brachte die Figuren zurück in die Kasperlkiste, und damit war die Feier gelaufen. Die Kinder waren außer Rand und Band. Ich ließ sie noch eine Weile erzählen, und dann gingen wir nach draußen. Auf den Jungen, der in schwierigen familiären Verhältnissen aufwächst und z. B. nie einen Kindergeburtstag zu Hause feiert, hat der Besuch des Kasperls und des Räubers eine große positive Wirkung gehabt.

Hexenhaus Nr. 6

Figuren: Hexe, Kasperl
Utensilien: Geburtstagszahlen von 1–6, kleines Geschenk

Kasperl kommt mit Tri-tra-trallala auf die Bühne. Er bringt die Tüte mit unseren Geburtstagszahlen mit. Die entsprechende Zahl fehlt noch auf dem Geburtstagstisch. Kasperl gratuliert dem Kind zum ersten Geburtstag und hält dabei die Eins hoch. Die Kinder protestieren natürlich. Kasperl hält die Vier hoch, auch falsch. Vielleicht die Drei, nein, falsch; die Fünf, die Zwei? Übrig bleibt nur noch die Sechs. Also sechs Jahre wird unser Geburtstagskind, der letzte Kindergeburtstag im Kindergarten. In diesem Fall möchte der Kasperl auch ein Geschenk überreichen. Moment, er muß es noch holen. Also legt er die Sechs auf die Bühne und geht ab. Da kommt die Hexe, die alles belauscht hat. Sie braucht eine Sechs, denn ihr Hexenhaus hat Hausnummer 6, und da die Post vorgeschrieben hat, daß jedes Haus eine Hausnummer haben muß und sie diese noch nicht hat, nimmt sie schnell die Zahl und verschwindet mit höhnischem Gelächter. Die Kinder haben natürlich protestiert und rufen nun nach dem Kasperl. Der kommt mit dem Geschenk, und sie erzählen ihm das Geschehene. Sie überlegen, was sie tun können. Kasperl will zum Hexenhaus schleichen und die Sechs wieder holen. Man hört im Hintergrund jemand schnarchen. Die Hexe scheint nach vollbrachter Arbeit zu schlafen. Also rasch! Kasperl überreicht das Geschenk und schleicht dann los. Auch die Kinder müssen leise sein. Bald sieht man Kasperl nicht mehr. Dann hört man ihn stöhnen, und schon kommt er mit der Sechs angerannt. Schnell überreicht er die Zahl, doch bloß nicht laut werden, sonst wird die Hexe noch wach. Leise verabschiedet Kasperl sich von den Kindern und geht ab.

Die Zahlenspielerei hat den Kindern viel Spaß gemacht, besonders dem Geburtstagskind, denn mit sechs Jahren gehört man zu den Größten im Kindergarten.

Seppel beim Friseur

Figur: Seppel
Utensilien: Kinderschere, Puppenmütze, Handspiegel

Dieses Stück habe ich anläßlich eines Kindergeburtstages gespielt. Vorher habe ich dem Seppel dicke Wollfäden als Haare auf seine ursprünglichen Haare genäht. Nun sah er richtig schön wuschelig aus. Dann setzte ich ihm eine Puppenmütze auf.

So präpariert kommt Seppel auf die Bühne. Er begrüßt die Kinder und will dem Geburtstagskind gratulieren. Doch die Kinder fragen ihn gleich, warum er denn eine Mütze auf habe. Überhaupt sehe er sehr wüst aus. Seppel sagt, er schäme sich auch sehr deswegen. Die Mütze habe er auf, weil seine Haare so schrecklich lang seien. Die Großmutter schimpfe deswegen schon mit ihm. Die Kinder weisen auf einen Friseur hin. Seppel jammert, er habe etwas Angst vor einem Friseur. Und einen anderen Ausweg weiß er nicht. Er fragt die Kinder um Rat. Diese sind sehr hilfsbereit und bieten sich als Friseur an. Seppel überlegt und sucht sich dann das Geburtstagskind dazu aus. Das holt eine Kinderschere und kommt nach vorne zur Bühne. Es verspricht, ganz vorsichtig zu sein. Seppel bittet um einen Spiegel, den ein Kind aus der Puppenecke holt. Seppel nimmt die Mütze ab, und der Friseur beginnt mit der Arbeit. Schnipp . . ., da fällt die erste Strähne; schnapp . . ., so geht es weiter. Zwischendurch schaut Seppel in den Spiegel, und die Kinder bestätigen ihm, daß er schon viel besser aussieht. Bald kommen seine unteren Haare zum Vorschein. Seppel schaut nochmals in den Spiegel und meint, nun sei es gut. Der Friseur ist aber anderer Meinung, doch Seppel will nicht länger stillhalten. Er fragt die Kinder. Die meinen, hinten müsse noch etwas von den Haaren abgeschnitten werden. Also gut, Seppel dreht sich um, und der Friseur schneidet die letzten langen Strähnen ab. Endlich ist er fertig. Die Kinder und auch Seppel selbst sind zufrieden mit der Arbeit des Friseurs. Als Lohn schenkt Seppel dem Kind die kleine Mütze, denn die braucht er nun nicht mehr. Seppel bedankt sich nochmals beim Friseur. Dann verabschiedet er sich von den

Kindern, er möchte schnell zur Großmutter gehen und ihr den neuen Haarschnitt zeigen.

Dieses Stück hat den Kindern viel Spaß gemacht. Sie waren ehrlich entsetzt über den „Struwwelpeter“ Seppel. Das Geburtstagskind, als Friseur eingesetzt, ging mit viel Feingefühl an die Arbeit. Meine Befürchtungen, daß die Kinder nun auch im Kindergartenalltag „Friseur“ spielen und Haare schneiden würden, ist glücklicherweise nicht eingetroffen. Allerdings haben die Kinder aus einer anderen Gruppe einige Tage später noch so lange an Seppel herumgeschnippelt, bis auch die letzten falschen Haare weg waren. Wobei ich nicht weiß, ob ihnen der Seppel wirklich nicht gefiel oder ob unsere Kinder ihnen von der Haarschneide-Aktion erzählt haben. Jedenfalls ist Seppel jetzt wieder ganz der alte.

Hurra, der Eismann ist da!

Figuren: Kasperl und Seppel
Requisiten: Eismannmützen und Schürzen, Tablett mit Eis und Servietten

Eine Mutter hatte mir gesagt, sie wolle am nächsten Tag, am Geburtstag ihrer Tochter, Eis für alle spendieren. Ich war dankbar für die Information und die spontane Anregung für unser Kasperlstück. Ich bat sie und das Kind, nichts von der Überraschung zu verraten. Frühmorgens bastelte ich zwei kleine Eismannmützen mit der Aufschrift ,,Eismann". Die Schürzen schnitt ich aus weißem Papier. Damit wurden Seppel und Kasperl bekleidet. Das Eis, die Servietten und die Puppen legte ich auf ein großes Tablett, das ich mit einem Tuch bedeckte. Mit diesem ,,Geheimnis" verschwand ich hinter der Bühne.

Man hört Kasperl und Seppel stöhnen und schnaufen. Dann tauchen sie mit dem Lied auf:

> Hurra, hurra, der Eismann, der ist wieder da!
> Hurra, hurra, der Eismann, der ist da!
> *(nach der bekannten Pumucklmelodie)*

Zwischen sich tragen sie das Tablett, das noch zugedeckt ist. Schnaufend stellen sie es ab. Sie stellen sich als die neuen Eisverkäufer vor, die ja nun, im Sommer, wieder hier sind. Sie haben eine Überraschung für die Kinder mitgebracht. Mit ,,Hokus-pokus-fidibus" nehmen sie das Tuch ab, und die Kinder staunen über so viel Eis. Nun verraten die beiden, daß nicht sie das Eis spendieren, sondern das Geburtstagskind. Und dieses darf als erstes nach vorne kommen und sein Eis abholen. Einen herzlichen Glückwunsch gibt es noch dazu. Und eine besonders hübsche Serviette. Nacheinander kommen die anderen Kinder nach vorne und bekommen vom Kasperl ein Eis und vom Seppel eine Serviette. Es bleiben sogar noch je ein Eis für Seppel und Kasperl übrig. Die beiden bedanken sich, wünschen ,,Guten Appetit" und verschwinden wieder mit dem Lied:

Hurra, hurra, der Eismann, der war wieder da!
Hurra, hurra, der Eismann, der war da!

Dieses Stück mußte aus praktischen Gründen so kurz sein, sonst wäre das Eis geschmolzen. Die Kinder haben das in diesem Fall gerne akzeptiert.

Wie Kasperl dem Zauberer etwas vorzaubert

Figuren: Kasperl, Zauberer
Utensilien: Zauberstab

Zu unserer Gruppe gehört ein eineiiges Zwillingspaar, zwei Mädchen. Zu ihrem Geburtstag mußte ich mir selbstverständlich etwas Besonderes einfallen lassen.

Kasperl kommt auf die Bühne. Er hat gehört, daß hier Geburtstag gefeiert wird und möchte gratulieren. Aber er ist völlig verblüfft, er sieht nämlich zwei Geburtstagskinder! Und die gleichen sich wie ein Ei dem anderen! Kasperl reibt sich die Augen, weil er denkt, er träumt. Als er wieder hinsieht, sitzen die beiden immer noch da und haben riesigen Spaß. Die Kinder klären ihn auf, daß dies Zwillinge sind. Kasperl gratuliert den beiden und fragt nach ihren Namen. Er wundert sich, daß die übrigen Kinder sie (größtenteils) unterscheiden können. Das ist doch bestimmt oft lustig, wenn man eine Schwester hat, die einem völlig gleicht. Er bittet sie, doch etwas aus ihrem Alltag zu erzählen, was die beiden auch tun . . .
Sie erzählen aber auch von negativen Erfahrungen. Kasperl hört ihnen zu und kommt auf eine Idee. Er möchte dem Zauberer etwas vorzaubern. Dabei müssen ihm die Zwillinge helfen, und die anderen Kinder dürfen nichts verraten. Er hat folgenden Plan: Eines von den Mädchen muß sich verstecken. Dann sagt er einen Zauberspruch, während der Zauberer sich umdrehen muß, und plötzlich stehen zwei genau gleiche Mädchen da. Das wird den Zauberer verblüffen!
Die Kinder sind begeistert von der Idee. Während sich das eine Geburtstagskind versteckt, rufen die Kinder den Zauberer. Der kommt und fragt, was denn los sei. Kasperl kichert: „Oh, nichts Besonderes." Ein Kind habe Geburtstag; ob er nicht gratulieren wolle. Der Zauberer tut dies und will gleich wieder gehen, denn er versucht gerade ein neues Zauberkunststück. Kasperl sagt, er könne auch zaubern, worauf der Zauberer hochmütig lacht. Das glaubt er nicht! Kasperl behauptet, ein zweites Geburtstagskind herbeizaubern zu können, das dem einen genau gleicht. Der Zauberer widerspricht, holt aber doch den geforderten Zauberstab. Nun muß er sich umdrehen und

die Augen schließen. Kasperl hebt den Zauberstab und spricht einen Zauberspruch. Schnell kommt das zweite Kind und stellt sich neben seine Schwester. Als der Zauberer sich umdreht, stehen wirklich zwei gleiche Geburtstagskinder da. Er ist völlig verblüfft! Die Kinder und Kasperl lachen.
Kasperl kann sogar ein Kind wieder wegzaubern. Der Zauberer dreht sich um, Kasperl zaubert, ein Mädchen versteckt sich wieder. Allmählich wird der Zauberer wütend, weil Kasperl tatsächlich so gut zaubern kann. Er versucht es auch, aber bei ihm klappt es nicht. Und beim Kasperl gelingt es wieder. Der Zauberer versucht, das zweite Kind wegzuzaubern. Auch das schafft er nicht. Die Kinder lachen. Er wird immer wütender. Er durchschaut den Schwindel nicht, und Kasperl und die Kinder klären ihn nicht auf.
Eilig verabschiedet sich der Zauberer. Er will in seinem Zauberschloß so lange üben, bis er das auch kann. Kasperl und die Kinder lachen hinter ihm her. Das versteckte Mädchen kommt wieder zum Vorschein. Das war ein Spaß! Kasperl wünscht den Kindern noch viel Freude bei der Geburtstagsfeier. Dann verabschiedet er sich und geht ab.

Dieses Stück hat auch mir Freude gemacht, weil ich bemerkte, wie gut die Kinder sich schon auf den Kasperl und seine Ideen einstellen können. Die Mädchen erschienen jedesmal im richtigen Moment beziehungsweise blieben in ihrem Versteck. Dabei hatte ich den letzten Teil des Spieles nicht genau mit ihnen abgesprochen. Allerdings muß ich dazu sagen, daß die Mädchen an diesem Tag ihren sechsten Geburtstag feierten.

Die gestohlenen Überraschungspäckchen

Figuren: Kasperl, Räuber, Hund (Handpuppe oder Spieltier)
Requisiten: Überraschungspäckchen, Kordel

Es hat sich bei uns im Kindergarten eingebürgert, daß das Geburtstagskind für die anderen Kinder kleine Überraschungspäckchen mitbringt. Diese bestehen meistens aus hübschen Servietten mit einigen Süßigkeiten darin. Zum Schluß der Feier verteilt das Kind diese Päckchen, was beiden Seiten viel Freude bereitet. Das Tablett mit den Überraschungen steht normalerweise auf dem Eßtisch, den ich diesmal nahe an die Bühne schob. Ich bat ein Kind, mir beim Kasperlspiel zu helfen und den Räuber zu übernehmen.

Kasperl kommt mit Tri-tra-trallala auf die Bühne. Er begrüßt die Kinder und gratuliert dem Geburtstagskind. Er rät, wie alt es geworden ist. Er versucht es einige Male, bis er die richtige Zahl gefunden hat. Nun läßt er sich erzählen, welche Geschenke es bekommen hat. Während dieser Zeit schleicht sich der Räuber vorsichtig an das Tablett mit den Überraschungspäckchen heran und nimmt eines davon weg. Kasperl plaudert weiter mit den Kindern. Er hat nichts bemerkt. Der Räuber ist inzwischen leise wiedergekommen und holt sich noch ein Päckchen. Er kommt so lange, bis die Kinder ihn bemerken. Als dies geschieht, flüchtet er mit lautem Gelächter. Kasperl überlegt, was zu tun ist. Er hat Angst, den Räuber alleine zu verfolgen. Außerdem hat der Räuber sich ein neues Versteck gesucht.
Da fällt dem Kasperl Bello ein, der Hund vom Seppel. Bello ist ein ausgezeichneter Spürhund. Alle rufen ihn und erklären ihm die Situation. Bello soll die Spur des Räubers aufnehmen. Er schnuppert an einem der Päckchen und bellt. Dann beginnt er seine Suche. Er schnuppert hier, er schnuppert da, bis er schließlich auf die Spur des Diebes stößt und ihr folgt, hinein in den Wald. Kasperl bleibt währenddessen auf der Bühne und bewacht mit den Kindern zusammen die übrigen Päckchen. Plötzlich hört man im Hintergrund wütendes Gebell, dann Hilferufe des Räubers, lautes Jammern und wieder Bellos Gebell. Was ist da los? Da taucht auch schon der Hund auf, und der Dieb läuft schimpfend und hinkend vor ihm her. Bello hat

ihn ins Bein gebissen. Die Päckchen liegen noch in der Räuberhöhle; die will der Hund nun holen. Doch vorher fesseln sie besser den gemeinen Dieb. Wie gut, daß das Geburtstagskind das Geschenkband, mit dem seine Geschenke umwickelt waren, noch nicht weggeworfen hat. Damit kommt es nun nach vorne und hilft mit, den Räuber zu fesseln. So, nun kann dieser bestimmt nicht mehr entkommen, und Bello kann beruhigt die Päckchen holen. Zweimal muß er gehen, so viele hatte der Räuber schon entwendet. Wie gut, daß es den Spürhund Bello gibt!
Die Päckchen werden wieder auf das Tablett gestellt. Das Geburtstagskind trägt es auf seinen Gabentisch, so daß es mit allen Kindern darauf aufpassen kann. Kasperl bedankt sich bei Bello und flüstert dem Geburtstagskind etwas ins Ohr. Dieses holt daraufhin ein Päckchen und schenkt es dem klugen Hund, der sich mit lautem Bellen bedankt. Da kommt das Geburtstagskind nochmals zurück und schenkt auch dem Kasperl ein Überraschungspäckchen, der sich erfreut bedankt. Dann verabschieden sich die beiden von den Kindern, denn sie wollen nun den Räuber beim Wachtmeister abliefern. Widerwillig und schimpfend geht der Räuber mit.

Bei diesem Spiel waren alle Kinder sehr angespannt beteiligt, denn schließlich ging es um „ihre" Päckchen. Auf die Idee mit dem Geschenkband als Fessel kam ich während des Spieles. Bei einer Geburtstagsfeier, zwei Wochen später, wollte ich das Geschenkpapier und -band achtlos wegwerfen, als das Geburtstagskind heftig protestierte. Auf meine verwunderte Nachfrage antwortete es mir, es könnte ja sein, daß der Räuber wieder käme. Ein „Hoch" auf die Kinder! Auch daß Kasperl ein Päckchen erhielt, war eine spontane Aktion des Kindes. Sie zeigte mir, wie sehr Kasperl „einer der Ihren" geworden ist.

Durchs Jahr

Seppel, der Retter

Figuren: Kasperl, Räuber, Seppel
Requisiten: Beutel mit Kastanien oder anderen je nach Jahreszeit vorhandenen Früchten

Mit diesem Beutel in der Hand kommt Kasperl auf die Bühne. Er läßt die Kinder raten und nachher schauen, was darin ist. Er möchte diesen Beutel samt Inhalt dem Geburtstagskind schenken. Aber erst will er noch dem Seppel die schönen Früchte zeigen. Die Kinder rufen den Seppel, doch der kommt nicht. Kasperl legt den Beutel ab und geht weg, um den Seppel zu suchen. In der Zwischenzeit kommt der Räuber. Er sieht den Beutel, schaut hinein und nimmt ihn natürlich mit. Da die Kinder laut und aufgeregt den Kasperl gerufen haben, muß der Räuber schnell wegrennen. Schon kommt der Kasperl, er hat den Seppel noch nicht gefunden. Die Kinder erzählen, was geschehen ist. Kasperl ist ratlos.
Da hört man im Hintergrund den Seppel. Er sagt etwas von ,,Rummel" und taucht langsam auf. In der Hand hat er den geraubten Beutel. Er schimpft, daß diese schönen Dinge einfach auf dem Weg herumliegen. Kasperl und die Kinder erzählen ihm die Geschehnisse. Sie kommen zu dem Schluß, daß der Räuber den Beutel wohl auf seiner Flucht verloren haben muß. Alle freuen sich. Und Seppel darf zur Belohnung den Beutel an das Geburtstagskind überreichen. Dann singen alle zusammen ein bekanntes Geburtstagslied, und damit ist das Kasperlstück beendet.

Vor unserem Kindergarten stehen ein alter Kastanien- und ein Nußbaum. Immer wieder erfreuen sich die Kinder an diesen Naturfrüchten. So kam ich auf die Idee zu diesem kleinen Stück. Nach der Geburtstagsfeier gingen wir nach draußen, um ganz bewußt Nüsse und Kastanien zu suchen, zu betrachten, sie zu essen oder zu verschenken.

Kasperl macht Urlaub

Figuren: Wachtmeister
Requisiten: Ansichtskarte

Beim Kasperlspiel der Kinder war Kasperl ,,verletzt" worden, d. h., der Kopf hing nur noch am sprichwörtlichen ,,seidenen Faden". Im Verlauf des Morgens hatte ich keine Gelegenheit, die Figur zu reparieren, also mußte ich mir eine neue Geschichte ausdenken. Da gerade Sommer- und Urlaubszeit war, schickte ich den Kasperl kurzerhand an die Nordsee in Erholung. Dann holte ich den Wachtmeister hervor und eine alte Ansichtskarte von der Nordsee. Den Text überklebte ich, bis auf die abgestempelte Briefmarke.

Ich begann mit ,,Tri-tra-trallala . . .", nein, Kasperl sei heute mal nicht da. Ich erklärte den Kindern, daß der Wachtmeister anstelle vom Kasperl gekommen sei. Ein Polizist sei ja ein Freund und Helfer und komme gern. Kasperl sei nämlich verhindert, der sei in Urlaub, an der Nordsee. Ich fragte die Kinder, wer denn die Nordsee kenne, von Bildern her, oder wer denn schon selber dort gewesen sei. Ich ließ sie erzählen . . . von den Wellen, dem Sand, den Muscheln. Der Wachtmeister war auch schon dort gewesen und wußte einiges vom Meer und vom Strand zu berichten. Ach ja, und nun sei der Kasperl dort. Er habe aber trotzdem an das Geburtstagskind gedacht. ,,Moment", sagte der Polizist, verschwand nach unten und tauchte mit der Postkarte wieder auf. Diese schöne Karte von der Nordsee habe der Kasperl geschickt, aber nicht etwa ihm, nein, sondern . . . Und der Wachtmeister las vor:

> ,,An das Geburtstagskind
> . . .
> im Kindergarten . . .
>
> Liebe(r) . . .!
> Herzlichen Glückwunsch zum Geburtstag! Ich habe Dein Fest nicht vergessen und wünsche Dir alles Gute. Herzliche Grüße von der schönen Nordsee sendet Dir
>
> *Dein Kasperl*

Das Geburtstagskind holte sich die Karte beim Wachtmeister ab und zeigte sie allen Kindern. Der Wachtmeister murmelte etwas darüber, daß er sogar als Briefträger eingesetzt werde, gratulierte dem Kind auch, wünschte noch viel Spaß beim Feiern und verabschiedete sich mit dem Lied: Tri-tra-trallala, heute war der Wachtmeister da.

Die Kinder waren zunächst etwas enttäuscht, als Kasperl nicht selber erschien. Doch die „echte" Ansichtskarte vom Kasperl von der Nordsee verblüffte sie sehr und machte das Geburtstagskind sehr stolz.

Kasperl bastelt Weihnachtsgeschenke

Figuren: Kasperl
Requisiten: Faltblatt oder quadratisches Stück Goldfolie

In der Adventszeit bieten wir Erzieherinnen den Kindern viele Bastelanregungen an, Dinge und Material besonderer Art, z. B. Sterne aus Stroh, Goldfolie . . . Ein Stern, den alle Kinder schnell können und deshalb gerne machen, ist z. B. folgender:
Aus einem Papierquadrat ein Dreieck falten; dieses noch zweimal falten (halbieren). Die „offenen“ Ecken werden so abgeschnitten – jeweils von Seitenmitte zu Seitenmitte –, daß eine gleichmäßige Raute entsteht. In die beiden geschlossenen Rautenseiten schneidet man nun noch kleine Zacken ein. Faltet man das Ganze auseinander, erhält man einen gemusterten achtzackigen Stern. Diesen kann man vielseitig verwenden. Man kann auch einfaches Faltpapier verwenden, eventuell mit Transparentpapier hinterkleben, und hat so ein hübsches, einfaches Geschenk. Das Kasperlstück könnte also auch heißen: Kasperl bastelt ein Geburtstagsgeschenk, Muttertagsgeschenk . . .

Kasperl kommt mit Tri-tra-trallala auf die Bühne. Er gratuliert dem Geburtstagskind und bestaunt die Geschenke (Kleinigkeiten vom Kindergarten, oft auch Zeichnungen der anderen Kinder). Er sagt, daß ja bald Weihnachten sei, daß er aber noch kein Geschenk für die Großmutter habe. Er habe überlegt, daß ein selbstgebasteltes Geschenk wohl am schönsten sei. Geld habe er auch keines mehr. Aber er wisse nichts. Ob die Kinder ihn nicht beraten könnten. Die Kinder nennen verschiedene Dinge, an denen Kasperl aber immer irgend etwas auszusetzen hat. (Oder auch nicht, aber dann nimmt das Stück ab hier einen anderen Lauf.) Kasperl deutet auf die Sterne, von denen schon einige am Fenster hängen. Die finde er so schön und die Großmutter sicherlich auch. Aber die seien bestimmt schwer zu machen. Er fragt das Geburtstagskind, ob es auch schon solch einen Stern gemacht habe und ob es ihm wohl zeigen könne, wie er gemacht werde. Das Kind erklärt, aber Kasperl versteht wenig davon. Er fordert das Kind auf, ihm einen Stern vorzumachen, was dieses auch tut. Kasperl sieht, daß es wirklich einfach ist. Er bittet das Kind um ein Stück Goldfolie und versucht es auch. Wenn er nicht weiterkommt, hilft das Kind ihm. (Tatsächlich tauchte auch schon mal meine zweite freie Hand auf.) Das Geburtstagskind faltet schließlich den Stern auseinander, und Kasperl und alle Kinder bestaunen das Werk. Kasperl ist froh und dankbar, daß er nun ein Weihnachtsgeschenk für die Großmutter hat. Er wünscht dem Geburtstagskind noch eine schöne Feier und allen Kindern ein frohes Weihnachtsfest und verabschiedet sich bis zum nächsten Jahr. Mit einem fröhlichen Weihnachtslied (z. B. Zumba, zumba, welch ein Singen . . .) verläßt er die Kinder und die Bühne.

Dieses Spiel hatte ich mir praktisch einfacher vorgestellt. Einmal fiel die Schere hinunter – einmal der Stern. Aber dann half mir das Geburtstagskind, oder ich half selbst mit der freien Hand. Das Kind merkte vor lauter Stolz – dem Kasperl beim Geschenkebasteln helfen zu dürfen – gar nicht, daß es nichts (Materielles) von ihm bekam. Dieses Stück habe ich mit anderem Thema und anderer Bastelarbeit nochmals gespielt. Dazu habe ich dann noch eine zusätzliche Spannung aufkommen lassen, indem der zu Beschenkende plötzlich auftauchte, wodurch Kasperl und die Kinder ganz schön in Verlegenheit gerieten.

Die Schaumgummipockenkrankheit

Figuren: Kasperl, Wachtmeister, Großmutter, Zauberer, Prinzessin
Requisiten: Schaumgummipocken, Zauberstab, Spiegel

Eltern hatten uns kleine ausgestanzte Schaumgummikügelchen zum Basteln gebracht. Diese brachten mich auf das Thema dieses Stückes.

Kasperl kommt mit Tri-tra-trallala auf die Bühne, gratuliert dem Geburtstagskind, erzählt etwas (vom Wetter, vom Urlaub . . .), bis man plötzlich ein Jammern im Hintergrund hört. Die Prinzessin kommt rückwärts auf die Bühne und sagt etwas von „schämen“ und „Krankheit“, worauf Kasperl natürlich neugierig nachfragt. Sie dreht sich um, und alle sehen, daß sie im Gesicht rote Flecken hat. Kasperl erschrickt und überlegt, ob es die Masern sind oder die Windpocken oder . . . Nein, entgegnet die Prinzessin, es sei eine böse Krankheit, die Schaumgummipockenkrankheit, und weint bitterlich. Sie bittet Kasperl und die Kinder um Rat.
Kasperl schlägt vor, doch den Arzt zu Rate zu ziehen, worauf die Prinzessin traurig abwinkt, der liege mit Grippe im Bett. Also überlegen sie weiter und kommen zu dem Entschluß, den Wachtmeister zu rufen, was sie auch gleich tun. Der erschrickt sehr, als er die kranke Prinzessin sieht, meint aber, er könne ihr nicht helfen, er sei für Räuber zuständig, nicht für Kranke. Er geht ab. Dann rufen alle die Großmutter, die doch sonst immer Rat weiß. Aber diesmal ist auch sie ratlos. Traurig geht sie weg.
Die Prinzessin ist von der Krankheit und den vielen Enttäuschungen müde geworden und legt sich hin, während Kasperl ihr verspricht, bei ihr zu wachen und weiter nach Hilfe zu suchen. Er sitzt recht ratlos da, bis ihm der Zauberer einfällt. Vielleicht kann der helfen. Nun müssen die Kinder wachen, und Kasperl läuft, so schnell er kann, zum Zauberer. Dieser kommt mit ihm zurück und betrachtet die kranke Prinzessin. Oh ja, es gibt einen Zauberspruch gegen diese Krankheit, aber er hat ihn vergessen. Gemeinsam mit den Kindern überlegen sie die Zauberformel. Immer wieder versuchen sie es, doch

die Pocken bleiben. Nur gut, daß die Prinzessin schläft und von all dem nichts merkt. Es hätte sie womöglich noch mehr aufgeregt.
Als Kasperl und der Zauberer am Ende ihrer Weisheit sind, bitten sie das Geburtstagskind, doch mal eine Zauberformel zu überlegen, was dieses auch tut. Und es findet eine! Der Zauberer schwingt seinen Zauberstab zu einem letzten Versuch und spricht . . . Und siehe da, wie von unsichtbarer Hand abgezogen, verschwinden die Pocken, eine nach der anderen. (Die allerdings sichtbare Hand war von einem Kind, das ich zum Helfen mit hinter die Bühne genommen hatte.)
Die Prinzessin wird von dem Freudengeschrei des Kasperls, des Zauberers und der Kinder geweckt und läßt sich erzählen, was geschehen ist. Sie kann es noch gar nicht fassen, daß sie wieder gesund ist. Kasperl holt ihr schnell einen Spiegel, damit sie sich überzeugen kann, daß sie wieder schön wie zuvor ist. Überglücklich bedankt sie sich beim Zauberer und beim Geburtstagskind, dem sie den Spiegel zur Erinnerung schenkt. Dann läuft sie schnell nach Hause zum Schloß, um ihren Eltern die frohe Nachricht zu bringen.
Kasperl und Zauberer wünschen allen Kindern eine schöne Feier, besonders dem Geburtstagskind, und verabschieden sich dann ebenfalls. Sie wollen dem Wachtmeister und der Großmutter von der Heilung erzählen.

Bei diesem Spiel geriet ich oft in Verlegenheit, da so viele Figuren mitwirkten. Da die Kinder von dem spannenden Spielgeschehen mitgerissen waren, bemerkten sie dies jedoch selten.

Kasperl und die Ostereier

Figuren: Hase und andere vorhandene Puppen
Utensilien: Schokoladeneier

Die Hasenhandpuppe hatte eine Vorgängerin von mir einmal selbst genäht.

Der Hase kommt ohne Tri-tra-trallala angehoppelt. Er weist darauf hin, daß bald Ostern ist. Er möchte nun Ostereier für Kasperl, Großmutter usw. verstecken. Zuerst versteckt er auf der Bühne ein Ei für den Seppel. Dann hockt er sich in eine Ecke, und die Kinder müssen den Seppel rufen. Der ist sehr erstaunt, als die Kinder ihm vom Osterhasen erzählen, und fröhlich sucht er das Ei. Als er es gefunden hat, freut er sich riesig und beauftragt die Kinder, dem Hasen seinen Dank auszurichten. Dann verschwindet er mit seinem Ei.
Der Hase hat zwischendurch neugierig in seinem Versteck gelauert und zugehört. Nun taucht er wieder auf und versteckt ein Ei für die Gretel. Wieder rufen die Kinder die Puppe, während der Hase sich versteckt. So geht es mit allen Figuren. Zuletzt versteckt der Hase ein Ei für den Kasperl. Die Kinder rufen ihn; er kommt, sucht und findet das Ei. Aber er sucht auch den Osterhasen, weil er ihm unbedingt etwas sagen möchte. Er spürt den Hasen in seinem Versteck auf und flüstert ihm etwas ins Ohr. Der Hase verschwindet und taucht mit einem Ei in seinen Pfoten wieder auf. Er sagt, es gebe noch jemanden, für den er etwas verstecken möchte, nämlich das Geburtstagskind. Dieses muß sich umdrehen, während Kasperl und der Hase das Ei verstecken. Dann muß das Kind suchen. Kasperl und Hase gratulieren noch zum Geburtstag, und mit einem Osterhasenlied verabschieden sich beide von den Kindern.

Ich bin ein dicker Tanzbär

Figuren: Kasperl, Bär

Mit diesem Stück wollte ich eine neue Strophe eines altbekannten Liedes einführen. Das Lied heißt:

Ich bin ein dicker Tanzbär und komme aus dem Wald.
Ich such mir eine Freundin und finde sie schon bald.

(Hier sucht sich das erste Kind ein zweites.)

||: Hei, sie tanzen hübsch und fein,
von einem auf das andre Bein. :||

Wir sind zwei dicke Tanzbären . . .

So erweitert sich die Spielrunde. Dieses Singspiel ist sicher in den meisten Kindergärten bekannt. Auf einer Fortbildungstagung lernte ich eine mir neue letzte Strophe des Liedes dazu. Diese wollte ich nun mit Hilfe von Handpuppen einführen. Auf die Idee kam ich durch unsere Bärenpuppe, die wir einmal gekauft, aber selten benutzt haben.

Der Bär kommt brummend auf die Bühne. Er summt natürlich das Lied: Ich bin ein dicker Tanzbär . . . Er läßt die Kinder raten, und natürlich erkennen sie es schnell. Gemeinsam singen sie es. Ja, sie können es auch spielen. Der Bär braucht auch einen Mitspieler, und sie rufen den Kasperl. Der fragt zunächst, was er hier soll; die Kinder und der Bär erklären es ihm. Kasperl kennt das Singspiel noch nicht, möchte es aber gerne lernen. Die Kinder spielen eine Runde vor. Nun kann es auch Kasperl; er und der Bär spielen jeweils mit. Am Schluß, als alle Kinder bereits im Kreis sind, wollen sie sich wie gewohnt setzen. Da erzählt der Bär, daß er noch eine letzte Strophe kennt. Alle Kinder sollen in der Mitte stehenbleiben, zusehen und zuhören. Und der Bär beginnt mit seiner bärentiefen Stimme:

Ich bin ein alter Tanzbär und komme aus dem Wald.
Ich suche keine Freundin, zum Tanz bin ich zu alt.
||: Ei, wie fällt das Tanzen schwer,
oh je, oh je, ich kann nicht mehr. :||

Dabei wankt er über die Bühne und fällt schließlich hin. Kasperl muß sehr über dieses Spiel lachen. Nun sollen es auch die Kinder und Kasperl versuchen. Alle spielen ausgezeichnet den alten und müden Bären. Und weil es so schön war, noch einmal! Dann verabschiedet sich Kasperl, er möchte das neue Spiel gleich mit Seppel und Gretel spielen. Der Bär freut sich, daß die Kinder es so schnell konnten und verabschiedet sich ebenfalls. Er beauftragt die Kinder noch, die letzte Strophe auch dem „Fräulein“ beizubringen. Dann geht er summend und brummend von der Bühne.

Als ich wieder auftauchte, hopsten die Kinder aufgeregt herum und lehrten mich die besagte Strophe. Wir spielten das Ganze noch einmal, und lange Zeit blieb es das am meisten gewünschte Spiel in unserer Gruppe.

Der traurige Bär

Figuren: Bär, Bärin, Kasperl

Einige Zeit, nachdem ich den „Bärentanz" gespielt hatte, kam mir die Idee zu dem folgenden Stück. Ich holte die zweite Bärenfigur aus der Kiste und band ihr, um sie als Bärin zu kennzeichnen, eine rosa Schleife um. Ich wartete schon auf den nächsten Geburtstag. Vor Beginn der Feier versteckte ich unbemerkt die Bärin in einer Ecke des Raumes. Man kann dieses Stück, wie viele vorherigen, selbstverständlich auch zu jeder anderen Zeit spielen.

Der Bär kommt müde summend auf die Bühne. Er begrüßt die Kinder und fragt, ob sie noch den Bärentanz können. Natürlich! Er möchte aber heute nicht spielen. Schlapp legt er sich hin. Da kommt Kasperl auf die Bühne. Munter begrüßt er den Bären, die Kinder und das Geburtstagskind. Ach, was für ein schöner Tag es doch ist! Doch dann bemerkt er die Niedergeschlagenheit des Bären. Leise fragt er die Kinder, was denn mit ihm los sei. Diese wissen es auch nicht. Nun fragt er den Bären: Ob er mit ihm spielen möchte? Nein! Ob er mit ihm spazierengehen möchte? Nein! Ratlos schaut er die Kinder an. Die überlegen mit: Ob er Hunger habe? Nein! Lieb und zartfühlend redet Kasperl auf den Bären ein, ihm doch zu sagen, was er habe. Da beginnt der Bär zu schluchzen. Kasperl und die Kinder versuchen ihn zu trösten. Endlich sagt der Bär, warum er so traurig ist: weil er keine Freundin hat! Es sei zwar ganz schön gewesen, mit Kasperl, Seppel und Gretel zu spielen, aber er möchte doch eine richtige Bärenfreundin haben. Nun wissen es alle – aber keiner weiß Rat. Kasperl kommt auf die Idee, doch einfach loszulaufen und zu suchen, was die Kinder auch gleich machen. Bald findet einer die Bärin und bringt sie dem Bären. Der nimmt sie in den Arm und ist überglücklich. Ein Kind schlägt den Bärentanz vor, worauf Kasperl, die zwei Bären und die Kinder auch eingehen. Alle sind froh. Danach verabschiedet sich der Bär mit seiner Bärin, weil er noch einen Bärenbau suchen will, Kasperl bedankt sich bei den Kindern und geht auch.

Während des Spiels standen wieder alle Kinder vor der Bühne und streichelten und trösteten den Bären. Als Kasperl sie losschickte zum Suchen, kam mir plötzlich der Gedanke, daß ja auch ein Kind einen Schmusebären dabeihaben könnte, was oft der Fall ist. Es hätte durchaus sein können, daß dieses Kind dem Bären seinen Teddy angeboten hätte, so groß war die Anteilnahme. Dann hätte ich eine geschickte Lösung finden müssen, um das Kind nicht zu kränken. Glücklicherweise war dem nicht so, und die Kinder fanden die „richtige" Bärenfigur. Daß ein Kind den Bärentanz vorschlug, zeigte mir, wie sehr sie sich in die Figur hineinversetzt haben. Wenn keine Bärenfiguren im Kindergarten vorhanden sind, kann man auch normale, etwas größere, handliche Teddys nehmen.

Die Entführung

Figuren: Kasperl, Hexe, Prinzessin
Requisiten: kleiner Beutel, Knete, ein um einen Stein gewickelter Drohbrief

Der Anlaß zu diesem Stück war ein Geburtstag. Auf die Spielidee brachte mich meine Tochter.

Kasperl kommt mit Tri-tra-trallala auf die Bühne. Er begrüßt besonders das Geburtstagskind und gratuliert ihm. Dann erkundigt er sich nach Alltagsgeschehnissen im Kindergarten. Die Kinder erzählen ihm manches . . . Nach einiger Zeit erinnert Kasperl sich daran, daß er ja mit der Prinzessin im Park verabredet ist. Oh, er muß sich beeilen! Hastig verabschiedet er sich und verschwindet. Da taucht auch schon die Prinzessin auf. Sie hat im Park auf Kasperl gewartet, aber bis jetzt ist er noch nicht erschienen. Die Kinder informieren sie, daß Kasperl eben noch hier war, doch nun auf dem Weg zu ihr ist. Sie haben sich wohl verfehlt. Macht nichts, dann plaudert die Prinzessin eben mit den Kindern. Zu spät bemerken sie die Hexe, die sich von hinten anschleicht. In der Hand hält sie einen Sack. Jetzt schreien die Kinder, doch da hat die Hexe schon den Sack über die Prinzessin gestülpt und zugezogen. Diese weint und fleht, doch die Hexe lacht nur böse und verschwindet, nachdem sie die Kinder noch gewarnt hat, nur ja nichts zu verraten, sonst . . .! Natürlich rufen die Kinder den Kasperl, der atemlos angerannt kommt. Aufgeregt erzählen sie ihm, was geschehen ist. Kein Wunder, daß Kasperl die Prinzessin im Park nicht angetroffen hat. Gerade überlegen alle, was man zur Befreiung der Prinzessin tun kann, da fliegt etwas auf die Bühne. Kasperl beschaut sich die Sache: Es ist ein Stein, mit einem Zettel umwickelt. Kasperl streicht den Zettel glatt und liest:

„Habe die Prinzessin entführt!
Verlange fünf dicke Würste für ihre Freilassung!
Übergabe 11.30 Uhr."

Kasperl und die Kinder sind entsetzt. Was können sie tun? Gemeinsam suchen sie nach einer Lösung. Kasperl hat eine Idee! Erst mal müssen sie fünf dicke Würste besorgen, aber keine echten, sondern welche aus Knete. Das Geburtstagskind und seine Freunde werden damit beauftragt. Und während die Hexe die Würstchen probiert, will Kasperl sie überrumpeln und fangen. Doch ein Kind hat eine bessere Idee: Es will sich unter der Bühne verstecken und die Hexe im richtigen Augenblick ebenfalls mit einem Sack fangen. Das ist sicherer, denn sie müssen ja vorsichtig sein wegen der gefangenen Prinzessin. Also abgemacht! Schnell suchen und finden die Kinder einen Beutel, und das Kind versteckt sich damit unter der Bühne. Die Würste liegen auf der Bühne bereit, es herrscht absolute Stille, denn gleich ist es 11.30 Uhr. Da kommt auch schon mit hämischem Gelächter die Hexe an. Auf dem Rücken trägt sie den Sack mit der jammernden Prinzessin darin. Kaum sieht sie die Würste, läuft sie darauf zu und läßt den Sack achtlos fallen. Sogleich springt unser Junge auf, fängt die Hexe ein und zieht die Kordel des Beutels fest zu. Soviel die Hexe auch schimpft und schreit, es nutzt ihr nichts. Kasperl hat in der Zwischenzeit die Prinzessin befreit. Glücklicherweise ist ihr nichts geschehen. Oh, wie ist sie dem Kind und dem Kasperl dankbar. Schnell verabschiedet sie sich und geht nach Hause zu ihren Eltern. Kasperl nimmt nun den Sack mit der Hexe darin und verabschiedet sich ebenfalls, denn er will sie zum Wachtmeister ins Gefängnis bringen. Die Würste werden an den Retter und das Geburtstagskind verteilt. Noch lange hört man das Geschimpfe der gefangenen Hexe.

Dieses Stück bekam durch die Idee des Jungen und durch seinen Einsatz als „Retter“ einen besonderen Höhepunkt. Zwar herrschte wieder allgemeines Durcheinander vor der Bühne, denn jedes Kind wollte der Hexe mal eine Bestrafung zukommen lassen. Doch nachdem sie das erledigt hatten, setzten sie sich wieder. Vor solchen Situationen habe ich nach den vielen positiven Erfahrungen keine Angst mehr. Ich finde es logisch, wenn Kinder ihren Gerechtigkeitssinn, den wir ja fördern wollen, auch ausleben wollen. Hier bietet sich eine Möglichkeit dazu.

Der verzauberte Prinz

Figuren: Prinzessin, Hexe, ein mittelgroßes Spielpferd, Prinz
Requisiten: Hexenzauberstab

Als Prinz diente die Königsfigur. Ich habe nur eine andere Krone gebastelt und um die Königskrone geklebt. Das Spielpferd habe ich an einem Stab befestigt, damit ich es bewegen kann, ohne daß die Kinder meine Hand sehen. Außerdem bat ich ein Kind, mir zu helfen und den Prinzen zu übernehmen.

Die Prinzessin kommt singend auf die Bühne. Sie begrüßt die Kinder. Oh, hier wird ja Geburtstag gefeiert. Herzlich gratuliert sie dem Geburtstagskind. Sie bewundert die Geschenke und plaudert mit den Kindern, zum Beispiel über das Wetter, über den Kindergartenalltag ... Da kommt mit lautem Wiehern ein Pferd auf die Bühne gesprungen. Die Prinzessin ist zunächst erschrocken und erstaunt, doch dann geht sie vorsichtig hin und streichelt das Tier. Wie schön und brav es ist! Wo das Pferd wohl herkommt? Leise spricht sie mit dem Tier. Doch als sie auf ihm reiten will, wird es störrisch und springt vorne und hinten hoch. Erschrocken geht die Prinzessin einen Schritt zurück. Was soll das bedeuten? Plötzlich beginnt das Pferd zu reden. Es sagt, es sei kein echtes Pferd, sondern ein verzauberter Prinz. Der Zauberer Zimpeldirr habe ihn verzaubert und mit in sein Zauberschloß genommen. Von da sei er ausgerissen. Nun bitte er die Prinzessin um Hilfe, weil er unbedingt wieder ein Prinz werden möchte. Er habe sich in die Prinzessin verliebt und möchte sie heiraten.
Prinzessin und Kinder sind ziemlich verwirrt. Sie überlegen, was sie tun können. Den Kindern fällt die Hexe ein, die vielleicht helfen könne. Das „Pferd“ ist einverstanden. Alle rufen die Hexe, die auch gleich erscheint. Sie erklären ihr die Geschehnisse und bitten sie, den verzauberten Prinzen doch zu entzaubern. Die Hexe fragt nach dem Lohn. Das Pferd will sie zum Dank zum Hochzeitsessen einladen. Die Hexe ist einverstanden und holt ihren Hexenzauberstab. Mit Hilfe der Kinder versucht sie einen Zauberspruch. Aber dieser funktioniert nicht, und so versuchen sie einen neuen. Endlich klappt es! Als die Hexe mit ihrem Zauberstab das Pferd berührt, fällt es

um (nach hinten weg), und es erscheint ein schöner Prinz. Die Kinder und besonders die Prinzessin sind begeistert. Der Prinz und die Prinzessin küssen sich. Beide bedanken sich bei den Kindern und der Hexe für die Hilfe. Wie froh ist der Prinz über seine Erlösung! Prinzessin und Prinz beschließen, gleich zum Schloß zu gehen und zu heiraten. Die Hexe kann gleich mitkommen. Sie verabschieden sich und gehen ab.

Dieses Spiel hat den Kindern sehr gefallen. Das Kind hinter der Bühne hat seine Sache gut gemacht. Auch die Kinder (ich bitte immer verschiedene Kinder um Hilfe) werden immer sicherer und gewandter beim Spielen.

Der Affe ist los!

Figuren: Kasperl, Affe (Handpuppe oder Spieltier)
Requisiten: Banane, Spielhandschellen

Dies ist ein Kasperlstück ohne pädagogischen Hintergrund. Es soll lediglich Spaß machen, und das ist doch schon viel wert!

Kasperl kommt mit Tri-tra-trallala auf die Bühne. Er plaudert mit den Kindern über irgend etwas. Plötzlich hört man merkwürdige Geräusche im Hintergrund. Dann springt ein Affe auf die Bühne. Kasperl und die Kinder bekommen einen riesigen Schrecken. Dem Affen scheint das Spaß zu machen, er hopst und schreit: „Uh, uh, uh, uh." Kasperl überlegt mit den Kindern zusammen, wo er wohl herkommt. Wahrscheinlich ist er aus dem Zoo entlaufen. Sie beschließen, ihn zu fangen, denn ein frei umherlaufender Affe kann allerhand Unsinn anstellen. Aber wie fängt man einen Affen? Kasperl rennt einfach auf ihn zu und denkt, er kann ihn so einfach fangen. Doch der Affe springt an Kasperl vorbei und steht nun am anderen Ende der Bühne. „Uh, uh, uh", schallt sein Gelächter durch den Raum. Kasperl startet einen zweiten Versuch, der ebenfalls scheitert. Der Affe hopst immer noch frei herum und lacht sich halb tot. Das ist dem Kasperl zu dumm. Er muß sich etwas anderes überlegen, eine List, mit der er den Affen fangen kann. Die Kinder bringen ihn auf die Idee, ihn mit einer Banane anzulocken, denn Affen mögen bekanntlich gerne Bananen. Kasperl holt bei Gretel eine Banane und beim Polizisten Handschellen. Der Affe hockt in einer Ecke und beobachtet alles. Als Kasperl mit der Banane kommt, springt er auf und schmatzt laut. Die Handschellen hält Kasperl hinter dem Rücken versteckt. Er schaut zu dem Tier hin und bietet ihm die Banane an. Der Affe schleicht näher. Kasperl streckt ihm die Banane entgegen. Da kann der Affe nicht widerstehen – mit einem Sprung ist er bei Kasperl und nimmt ihm die Banane aus der Hand. Doch Kasperl hat blitzschnell gehandelt und ihm die Handschellen angelegt. Der Affe schaut verdutzt auf die glänzenden Dinger an seinem Handgelenk. Er zieht, springt und schreit, doch Kasperl hält ihn gut fest. Das ist noch mal gut gegangen! Kasperl verabschiedet sich von den Kindern, denn er will den Affen zum Zoo zurückbringen. Widerstrebend geht der Affe neben ihm her. Zum Trost darf er die Banane behalten.

Das zerbrochene Osterei

Figuren: Seppel, Großmutter, Kasperl
Requisiten: ausgeblasene Eier, Wasserfarbe, Wassertöpfchen, Pinsel, Eierstab (steht alles auf dem Basteltisch)

Dieses Stück habe ich kurz vor Ostern gespielt. In dieser Zeit bemalen die Kinder ausgeblasene Eier, die wir als Tischschmuck oder für den Osterstrauß verwenden. Diese Eier zerbrechen sehr leicht. Das kann natürlich auch dem Seppel passieren!

Seppel kommt auf die Bühne. Er erzählt, wie sehr er sich auf Ostern freut. Und hier ist der Raum schon so schön geschmückt. Besonders bewundert Seppel die angemalten Eier. Wie machen die Kinder das nur? Diese erzählen – vom Ausblasen bis zum Aufhängen. Seppel würde auch mal gerne so ein Ei bemalen. Ob die Großmutter eines hat? Die Kinder rufen die Großmutter, die gleich erscheint. Seppel fragt nach einem ausgeblasenen Ei. Ja, sie hat eines, aber er muß vorsichtig damit umgehen, denn sie sind leicht zerbrechlich. Seppel bedankt sich und will ihr nachher das bemalte Ei schenken. Die Großmutter geht ab. Nun bringen die Kinder dem Seppel einen Eierstab, auf den er das Ei stecken kann, während er es bemalt. Sie stellen ihm auch Farben, Wasser und Pinsel hin. Seppel malt zuerst das ganze Ei mit einer Farbe an. Dann möchte er Punkte daraufmalen. Er macht einen Tupfer und – krrr – hat er mit dem Pinsel die Eierschale eingedrückt. Betroffen schaut er auf das Ei. Er hat wohl zu feste getupft. Was nun? Er möchte doch der Großmutter das Ei schenken. Aber ein ganzes! Sie soll doch nichts von seinem kleinen Unglück merken. Schon springen einige Kinder auf und bieten ihm eines von ihren Eiern an. Seppel nimmt ein Ei und beginnt von neuem, diesmal aber viel vorsichtiger. Und es wird sehr schön. Als es gerade fertig ist, kommt Kasperl auf die Bühne. Er bewundert das angemalte Osterei. Seppel erzählt ihm von der Panne, doch die Großmutter soll nichts davon erfahren. Nun haben Seppel, Kasperl und die Kinder ein Geheimnis. Kasperl, Seppel und einige Kinder pusten das Ei trocken, während andere Kinder die Malsachen wegräumen.

Dann wird die Großmutter gerufen. Sie kommt, und Seppel schenkt ihr das Ei. Sie freut sich sehr und bedankt sich. Und es ist nicht zerbrochen! Kasperl kichert leise. Dann gehen alle zusammen zu Großmutters Haus, um das Osterei aufzuhängen.

Wieder einmal haben die Kinder den Spielverlauf verändert. Ich wollte den Kasperl auf die Idee kommen lassen, doch einfach das zerbrochene Ei zu halbieren, mit Erde zu füllen, kleine Blumen hineinzustecken und es so als Tischvase zu benutzen. Die Blumen hatte ich schon bereitliegen, die Erde sollte ein Kind holen. Deshalb hatte ich den Kasperl überhaupt mitgenommen (der von einem Kind geführt wurde). Ich hatte nicht damit gerechnet, daß die Kinder eines ihrer Eier abgeben würden, denn sonst sind sie diesbezüglich sehr penibel. Diese Lösung fand ich sehr schön.

Kasperl hat Geburtstag

Figuren: Kasperl und Großmutter
Requisiten: siehe Einleitungstext

Ich erzählte den Kindern, ich hätte von der Großmutter erfahren, daß Kasperl heute Geburtstag hat. Da er den Kindern mit seinen Spielen zum Geburtstag immer eine Freude macht, schlug ich den Kindern vor, ihm zur Freude eine Geburtstagsfeier zu arrangieren. Sie waren begeistert von der Idee. Also begannen wir mit den Vorbereitungen. Zuerst wurde eine Geburtstagskrone gebastelt, wie sie auch die Kinder immer bekommen. Gleichzeitig malten einige Kinder Bilder, die sie ihm nachher schenken wollten. Vom Kindergarten sollte er eine Trillerpfeife bekommen, hübsch verpackt. Anschließend stellten wir einen Stuhlkreis auf; ich schob die Bühne zurecht, und davor stellten wir den Geburtstagstisch, mit Deckchen, Blumen und Kerze geschmückt. Ich bestimmte ein Kind, das ihm die Krone aufsetzen durfte, und eines, das das Kindergartengeschenk überreichen durfte. Zuletzt besprach ich mit allen Kindern den Beginn der Feier; die Fortsetzung würde sich ergeben.

Kasperl kommt auf die Bühne. Gleich beginnen die Kinder mit dem bekannten Geburtstagslied: „Schaut hierhin, schaut dahin, es sieht ja so aus, als wär' ein Geburtstagskind in unserem Haus!"
Kasperl ist überwältigt und freut sich sehr. Er wundert sich, woher die Kinder sein Geburtstagsdatum kennen. Die beiden Kinder mit der Krone und dem Geschenk überbringen ihre Gaben. Dann kommen alle Kinder zu ihm und gratulieren und überreichen ihre Geschenke, die er dankend bestaunt. Nun darf er die Überraschung vom Kindergarten auspacken. So eine Flöte hat er sich schon lange gewünscht, er hängt sie gleich um. Dann kommt der Höhepunkt einer jeden Geburtstagsfeier: das Hochleben-Lassen! Kasperl sucht sich zwei Kinder aus, die ihn hochheben, während die anderen singen: „Hoch soll er leben . . ." Die Kinder fragen nach seinem Alter: Sieben Jahre alt wird er. Nun darf sich das Geburtstagskind, wie üblich, etwas wünschen, ein Lied, ein Spiel, eine Geschichte oder ähnliches. Kasperl überlegt und wünscht sich ein Bilderbuch. Die Kinder holen die Bil-

derbücher, und er sucht sich eines aus. Er bestimmt ein Kind, das es „vorlesen" soll. Oft äußert er sich zu den Bildern und dem Text. Es gefällt ihm gut. Gerade haben sie das Bilderbuch zugeklappt, da erscheint die Großmutter. Auch sie gratuliert dem Kasperl herzlich zu seinem Geburtstag. Als Geschenk hat sie eine Riesentorte gebacken, die sie aber wegen ihrer Größe nicht mitbringen konnte. Kasperl bedankt sich und erzählt von der gelungenen Überraschung der Kinder. Die Großmutter staunt und freut sich mit ihm. Sie kann gleich beim Tragen der vielen Geschenke helfen, denn Kasperl möchte nun gehen und die Torte probieren. Er bedankt sich nochmals bei den Kindern, verabschiedet sich, und beide gehen ab.

Dieses Stück hat den Kindern und auch mir selbst besonders gut gefallen. Die Zuschauer waren recht diszipliniert. Zum Hochheben des Kasperls, beim Vorlesen und zum Überreichen der Krone und des Geschenkes habe ich Kinder ausgesucht, die mit sich und der Gruppe Schwierigkeiten hatten. Sie waren sehr stolz. Das Hochheben ging sehr einfach vor sich: Die Kinder faßten den Kasperl am Arm und hoben ihn dreimal hoch. Ich zog schnell meine Hand nach unten. Zu der Bilderbuchbetrachtung sei gesagt, daß ich vorher einige Bilderbücher in der Gruppe bereitgelegt hatte, die den Kindern besonders gut bekannt waren. Alle hatten große Bilder und wenig Text.

Das verfressene Krokodil

Figuren: Großmutter, Krokodil, Kasperl
Requisiten: kleine und große Schüssel voller Erdbeeren

Ich hatte aus meinem Garten frische Erdbeeren mitgebracht, die ich mit den Kindern vernaschen wollte. Im Laufe des Morgens überlegte ich mir, daraus ein Kasperlstück zu machen.

Die Großmutter kommt auf die Bühne. Sie trägt eine Schüssel voll köstlicher, frischer Erdbeeren im Arm. Die hat sie in ihrem Garten gepflückt. Sie möchte sie an Kasperl und die Kinder verteilen. Die Großmutter stellt die Schüssel ab und geht, um den Kasperl zu holen. In der Zwischenzeit kommt das Krokodil auf die Bühne. Es sieht die Erdbeeren und freut sich, denn Erdbeeren mag es so gerne. Das Krokodil nimmt die Schüssel vorsichtig in sein Maul und verschwindet damit zum Dorfteich, um sie dort in Ruhe zu verspeisen. Die Kinder rufen aufgeregt den Kasperl, der auch gleich mit der Großmutter zusammen auftaucht. Sie erzählen den beiden, was geschehen ist. Kasperl ist wütend auf das Krokodil, er hatte sich so auf die Erdbeeren gefreut. Auch die Großmutter schimpft über das verfressene Krokodil. Kasperl überlegt, wie sie die Erdbeeren zurückbekommen könnten. Da fällt ihm ein, daß das Krokodil so gerne Reime hört. Die mag es noch lieber als Erdbeeren. Und er weiß auch schon einen passenden Reim:

Liebes Krokodil, friß doch nicht so viel,
gib die Erdbeeren wieder her,
denn wir mögen sie so sehr!

Die Kinder versuchen, den Reim nachzusprechen. Sie können es immer besser und sagen ihn zunehmend lauter. Langsam taucht das Krokodil auf. Währenddessen schleicht die Großmutter zum Dorfteich und holt die Schüssel mit den Erdbeeren. Das Krokodil freut sich sehr über den Reim, nur behauptet es, noch gar nicht viele Erdbeeren gegessen zu haben. Das stimmt nicht, wie man sieht, denn die Großmutter taucht mit der halbvollen Schüssel auf. Das Krokodil ist einverstanden, daß die übrigen Früchte an Kasperl und die

Kinder verteilt werden, wenn sie noch einmal den schönen Spruch sagen. Dies tun die Kinder. Dafür darf sich jedes eine Erdbeere holen. Zwischendurch muß die Großmutter neue Früchte aus ihrem Garten holen. Kasperl erklärt inzwischen, daß es nicht gut ist, soviel Erdbeeren auf einmal zu essen, da man davon Bauchschmerzen und Durchfall bekommen kann. Das merkt das Krokodil bereits. Schnell verabschiedet es sich. Die Großmutter taucht mit neuen Erdbeeren auf, und auch die letzten Kinder holen sich eine. Auch Kasperl darf sich eine nehmen. Die übrigen wollen Großmutter und Kasperl zu Seppel und Gretel bringen. Sie verabschieden sich.

Dieses Stück kann man natürlich mit den verschiedensten Früchten spielen, auch mit Bonbons etc. Man muß nur den Reim entsprechend abwandeln (z. B.: . . . gib die Bonbons wieder her . . .), denn das Aufsagen des Reims war der Clou dieses Stückes – neben dem anschließenden Naschen natürlich.

Bald ist Karneval

Figuren: Kasperl, Seppel, Gretel
Utensilien: ein großes, weißes Taschentuch mit vier kleinen Löchern für Augen, Nase und Mund, Stecknadeln

Dieses Stück spielte ich am Altweiberfastnachtstag. Mit diesem Tag beginnt bei uns im Kindergarten der Karneval.

Kasperl kommt, ein bekanntes Karnevalslied singend, auf die Bühne. Er begrüßt die Kinder mit einem kräftigen „Helau"! Er bewundert den bunt geschmückten Raum und die lustigen Hütchen der Kinder. Kasperl erzählt, daß er zu einem Kostümball gehen möchte. Er fragt die Kinder nach ihren Kostümen. Dann müssen sie raten, als was Kasperl sich verkleidet. Sie nennen die verschiedensten Verkleidungsmöglichkeiten, doch nie ist sein Kostüm dabei. Kasperl lacht und holt es. Er hält ein großes, weißes Taschentuch hoch. Ja, er möchte ein Gespenst werden. Soll er sich mal anziehen? Ein Kind darf ihm dabei helfen. Sitzt es so gut? Nein, die Ärmel müssen noch abgesteckt werden. Kasperl holt zwei Stecknadeln, und das Kind steckt sie vorsichtig in den Stoff. So, nun ist er fertig! Kann man ihn noch erkennen? Nein! Kasperl probiert gleich einige Gespensterschreie. Er spielt seine Rolle gut. Da hört man im Hintergrund die Gretel nach ihm rufen. Kasperl hat eine Idee! Er will gleich bei Gretel testen, ob seine Verkleidung echt wirkt. Die Kinder dürfen nichts verraten.
Kasperl versteckt sich. Gretel kommt auf die Bühne, begrüßt die Kinder und fragt sie nach dem Kasperl. Die kichern und sagen, sie hätten ihn nicht gesehen. Schon taucht mit „Huh, huh" und „Hihihihi" Kasperl als Gespenst auf; wild fuchtelt er mit den Armen. Die gute Gretel erschrickt fürchterlich und versteckt sich in einer Ecke. Kasperl muß lachen, und daran erkennt Gretel ihn. Sie kommt hervor und lacht mit ihm über den gelungenen Streich. Kasperls Kostüm ist perfekt, sie hat ihn nicht erkannt. Und die Kinder haben ihr nichts gesagt. Gretel erzählt noch, daß sie sich als Rotkäppchen verkleiden will. Ihr Kostüm ist noch nicht fertig, darum hat sie wenig Zeit und verabschiedet sich.

Der gestohlene Nikolaus

Figuren: Seppel, Kasperl, Hexe
Requisiten: zwei kleine Nikolausfiguren aus Schokolade in der Originalverpackung, Hexenzauberstab, Knete, Teller

Seppel kommt, ein Nikolauslied singend, auf die Bühne. In der Hand hält er einen noch verpackten Schokoladennikolaus. Den hat er vom „echten“ Nikolaus geschenkt bekommen. Die Kinder erzählen von ihren Nikolausgeschenken und -erlebnissen. Seppel möchte sein Geschenk dem Kasperl zeigen. Sie rufen ihn, aber er kommt nicht. Seppel geht nach hinten, um ihn zu holen. Den Nikolaus läßt er auf der Bühne liegen. Kaum ist Seppel weg, taucht auch schon die Hexe auf. Sie sieht die Schokoladenfigur, nimmt sie und geht weg. Doch vorher droht sie den Kindern, sie alle in Schokoladennikoläuse zu verzaubern und zu vernaschen, wenn sie nur ein Wort verrieten.
Natürlich rufen die Kinder Seppel und Kasperl. Als die beiden atemlos ankommen, erzählen sie ihnen, was geschehen ist. Seppel ist traurig. Nun ist sein Nikolausgeschenk weg! Was kann er schon gegen die Hexe unternehmen? Kasperl tröstet ihn und sucht nach einer Lösung. Auch die Kinder machen Vorschläge. Doch diesmal hat Kasperl die bessere Idee. Moment, er muß mal eben nach Hause verschwinden. Er taucht mit einem Schokoladennikolaus wieder auf. Seppel freut sich schon, denn er denkt, das sei seiner. Kasperl klärt ihn auf, daß dies sein Nikolaus sei, den er selber geschenkt bekommen habe. Und mit Hilfe dieser Schokoladenfigur möchte er die Hexe hereinlegen. Seppel versteht das nicht, und Kasperl erklärt ihm und den Kindern seinen Plan, denn er braucht die Hilfe der Kinder. Also: Zuerst muß ein Kind vorsichtig den Nikolaus aus dem Papier holen. Seppel muß dann die Schokolade festhalten. Ein anderes Kind holt etwas Knete, die nun, entsprechend geformt, in das Papier verpackt wird. Nun sieht es wieder wie echt aus. Diesen „Knetenikolaus“ legen sie als Lockmittel für die Hexe auf die Bühne. Seppel muß sich mit dem

Schokoladennikolaus in Sicherheit bringen. Und Kasperl will, während die Hexe hier oben ist, ins Hexenhaus schleichen und die andere Schokoladenfigur holen. Aber er braucht Zeit dazu, also müssen die Kinder die Hexe mit irgendwelchen Fragen oder Plaudereien hinhalten. Alles klar?
Also los! Seppel versteckt sich, Kasperl schleicht schon los, und der Nikolaus liegt verlockend auf der Bühne. Einige Zeit tut sich nichts. Plötzlich taucht die Hexe auf und stürzt sich auf den Nikolaus. Sie wundert sich wohl über die Kinder, die gar nicht nach dem Kasperl rufen. Sie haben bestimmt Angst vor der Verzauberung! Ein Kind fragt, wie denn der erste Nikolaus geschmeckt habe. Darauf kann die Hexe keine Antwort geben, denn sie hat ihn (glücklicherweise) noch nicht gegessen. Ein anderes Kind sagt, sie sei doof und gemein! Daraufhin folgt ein heftiger Meinungsaustausch, bis die Hexe schließlich beleidigt verschwindet. Schon taucht Seppel auf, der alles mitgehört hat und die Kinder wegen ihrer Verzögerungstaktik lobt. Doch wo bleibt der Kasperl? Endlich taucht er auf – mit dem Schokoladennikolaus und dem Hexenzauberstab. Alle freuen sich und lachen. Da erscheint die wütend schimpfende Hexe. Sie hat den Schwindel bemerkt und wirft den eben gestohlenen Nikolaus auf den Boden. Nun will sie ihre Androhung wahr machen und alle Anwesenden in Schokoladenfiguren verzaubern. Kasperl hält lachend den Zauberstab hinter seinem Rücken versteckt. Die Kinder erklären ihr, wieso auch sie so lachen und keine Angst haben. Seppel schlägt ihr vor, doch einfach lieb zu werden, vielleicht bekomme sie dann im nächsten Jahr selber einen Schokoladennikolaus geschenkt. Zeternd verschwindet die Hexe. Nun haben die Kinder sich aber eine Belohnung verdient. Ein Kind bringt einen Teller, und Kasperl bricht seine Schokoladenfigur in viele kleine Stücke, für jedes Kind etwas. Er und Seppel wollen sich den anderen Nikolaus teilen. Während das Kind mit dem Teller herumgeht, verabschieden sich die beiden und gehen lachend ab.

Ich merkte erst während des Spieles, daß ich einen Helfer brauchte. In der kleinen Pause, während alle Figuren auf ihrem Platz waren, tauchte ich kurz auf und bat ein Kind um Hilfe. Diesmal herrschte kein großer Andrang, weil sie viel lieber dem Kasperl helfen wollten. Mit der weggeworfenen Knetfigur erfolgte nun ein reges „Anschmier-Spiel". Kinder, Erzieher und Eltern wurden damit hereingelegt. Jedesmal, wenn wieder einmal jemand auf ihr „Geschenk" hereingefallen war, hatten unsere Kinder eine unbändige Freude. Oft erzählten sie voller Stolz, wie sie damit die Hexe „ausgeschmiert" hatten. Anstelle der eingepackten Nikolausfigur kann man auch jedes andere eingepackte Ding nehmen, zum Beispiel Bonbons, Osterei . . .

Spontane und situationsbezogene Stücke

Kasperl kann sich nicht benehmen

Figuren: Großmutter, Kasperl, König
Utensilien: zwei kleine Gläser Wasser, zwei kleine Stückchen Kuchen, zwei kleine Servietten, zwei Puppenteller, kleine Tischdecke, kleiner Kerzenständer mit Kerze, Streichhölzer, Blumenvase mit Blumen.
Alles liegt an verschiedenen Stellen im Raum bereit.

Einige unserer Kindergartenkinder hatten es sich angewöhnt, in der Puppenecke zu frühstücken, was ich gut fand. Doch allmählich wurde aus dem gemütlichen Frühstück ein Chaos, was ich nicht mehr gutheißen konnte. Diese Situation nahm ich als Anlaß für dieses Kasperlstück. Dafür war unsere „Spielzeugschrankbühne" gut geeignet.

Kasperl kommt aufgeregt auf die Bühne. Er erzählt den Kindern den Grund seiner Erregung – er ist beim König zum Kuchenessen eingeladen. Gemeinsam rufen sie die Großmutter, der sie die Neuigkeit auch mitteilen. Diese freut sich mit Kasperl über die besondere Einladung. Doch sie gibt ihm auch gleich Verhaltensregeln mit auf den Weg: Er soll sich gut benehmen; aufpassen, daß er nichts verschüttet; nicht schmatzen beim Essen; nicht krümeln usw. Kasperl belächelt diese Anregungen, verspricht, sich gut zu benehmen und macht sich fröhlich auf den Weg. Auch die Großmutter geht ab.
Dann erscheint der König, der den Kindern erzählt, wie sehr er sich auf den Besuch des Kasperls freut. Nun muß er noch den Tisch decken. Gemeinsam mit den Kindern überlegt er, was man alles für einen hübsch gedeckten Tisch braucht. Wie gut, daß alle genannten Dinge hier im Raum bereitliegen. Einzelne Kinder holen die Dinge, und so decken sie den Tisch. Eines zündet noch die Kerze an. Hübsch sieht es aus. Da hört man auch schon den Kasperl kommen. Die beiden begrüßen sich und beginnen dann mit der Mahlzeit. Kasperl erzählt dem König belustigt, welche Ratschläge die Großmutter ihm gegeben hat. Er erzählt wohl etwas zu stürmisch, denn da fällt auch schon das Glas „Mineralwasser" um. Der König nimmt das nicht so tragisch, und die Kinder helfen beim Aufwischen. Sie erzählen weiter von Alltagsdingen, da bricht ein Stück vom Kuchen und fällt auf den

Tisch. Verlegen holt Kasperl es und steckt es in den Mund. Endlich ist der Festschmaus beendet, da nimmt Kasperl doch tatsächlich die Serviette und putzt sich die Nase damit. Der König weiß nicht, ob er lachen oder schimpfen soll. Er entscheidet sich fürs Lachen. Aber er gibt dem Kasperl doch den guten Rat, demnächst der Großmutter etwas besser zuzuhören, wenn sie ihm Tips für Eßmanieren gibt. Kasperl verspricht dies sehr beschämt. Der König verspricht seinerseits, die kleinen Pannen für sich zu behalten; auch die Kinder versprechen das. Der König lädt Kasperl für nächste Woche nochmals zu Kuchen und Saft ein. Erfreut geht Kasperl nach Hause. Während König und Kinder abräumen, reden sie noch über die Ausrutscher des Kasperls. Na ja, so etwas kann jedem mal passieren!

Die Kinder sollten
1. neu überdenken, was alles zu einem gemütlich gedeckten Tisch gehört;
2. sich in den Pannen des Kasperls wiederfinden; erfahren, daß sie nicht tragisch sind, aber auch nicht wünschenswert.

Ich habe nicht weiter mit ihnen über dieses Stück gesprochen. Am nächsten Tag konnte ich beobachten, wie das Stück bei ihnen gewirkt hatte: Fünf Kinder (Vater, Mutter, Kind, Hund, Katze) saßen am hübsch gedeckten Tisch, sogar mit Kerze, und verzehrten „manierlich“ ihr Frühstück.

Seppel hat Husten

Figuren: Seppel, Gretel
Utensilien: Schal, Puppenmütze, Puppenjacke, Liebesperlen

Wir hatten
1. Winter (es war kalt, und frischer Schnee war gefallen);
2. viele erkältete Kinder in der Gruppe;
3. das Rahmenthema: „Wie ist das Wetter heute?"
So kam ich auf die Idee zu diesem Stück.

Seppel kommt mit Schal, Mütze und Jacke bekleidet auf die Bühne. Ach, er ist ja so schrecklich erkältet. Ständig muß er husten und niesen. Das hört Gretel und kommt sofort. Sie läßt sich von Seppel erklären, warum er krank ist, was Seppel verlegen tut. Er ist nämlich im Schlafanzug nach draußen gerannt, als er den Schnee sah. Gretel schüttelt den Kopf und rät ihm, die warmen Sachen im Zimmer auszuziehen. Die Kinder stimmen mit Gretel überein. Also zieht Seppel seine Sachen aus. Zwischendurch muß er immer wieder husten und niesen. Und nicht einmal ein Taschentuch hat er! Wie gut, daß ein Kind ihm eines schenkt und ihm auch noch die Nase putzt. Auch Gretel will helfen, sie holt bei der Großmutter Tabletten gegen Erkältung. Hat vielleicht noch jemand Husten und Schnupfen? Alle angesteckten Kinder dürfen sich solch eine „Tablette" bei Gretel holen. Sie weist aber darauf hin, daß man Tabletten nur vom Arzt, von der Mutter oder Großmutter nehmen darf. Sonst nicht! Nun schlägt sie Seppel noch einen Spaziergang vor, denn frische Luft tut immer gut. Also zieht Seppel alle Sachen wieder an, wobei ihm ein großes Kind hilft. Alle Knöpfe müssen zugemacht werden. Wie lästig! Doch Gretel und die Kinder bestehen darauf. Fertig angezogen verabschieden sich Gretel und Seppel von den Kindern und gehen ab.

In diesem Stück habe ich ein allgemeines Kindergartenproblem angesprochen und hoffentlich auch den Kindern verdeutlicht. Denn oft gehen wir im Winter die letzten 15 Minuten nach draußen, auch mit den erkälteten Kindern. Den Kindern ist das zeitraubende Anziehen zuviel, und manchmal entwischen sie halb angezogen nach draußen, was uns und ihnen ärgerliche Reaktionen der Eltern einbringt. Ich war mir bewußt, daß dieses Kasperlstück das Problem nicht auf die Dauer lösen würde, aber wenigstens für diesen und den nächsten Tag.

Kasperl liebt die Frühlingsblumen

Figuren: Kasperl, Großmutter, Seppel, Gretel, Polizist, König
Requisiten: ein kleiner Strauß Frühlingsblumen

Zu unserem Kindergarten gehört eine große Spielwiese mit altem Baumbestand und einem Blumenbeet. Dort wachsen im Frühling viele Krokusse, Schneeglöckchen, Osterglocken. Oft stehen wir mit den Kindern davor und bewundern die ersten Frühjahrsboten.
Eines Tages ging ein Mädchen hin und pflückte sich eine Blüte, wogegen ich nichts einzuwenden hatte. Doch ehe ich mich versah, hatten einige Kinder ganze Sträuße gepflückt, was mich wütend machte. Ich erklärte ihnen, daß wir alle diese Blumen liebten und bewundern möchten. Außerdem würde sich die Blüte länger halten, wenn sie nicht abgerissen würde. Wenn jemand mal eine abpflücken würde, weil er sie besonders schön fände oder um sie zu verschenken, so sei das in Ordnung. Aber dazu reiche eben eine Blume! Die bereits gepflückten Krokusse verteilten wir an die anderen Kinder. Ich beschloß, diese Situation im Kasperlspiel aufzugreifen.

Kasperl kommt, ein bekanntes Frühlingslied singend, auf die Bühne. In der Hand hält er einen Strauß Krokusse. Er begrüßt die Kinder und zeigt ihnen die hübschen Frühlingsboten. Ach, er liebt und bewundert diese ersten Blumen ja so! Schaut nur alle her, hier die gelben und die violetten und die weißen Blüten! Zögernd stimmen die Kinder in seine Bewunderung ein. Endlich sagt ein älteres Mädchen ihm, daß er trotzdem nicht so viele Blumen hätte pflücken dürfen. Und sie erklärt ihm genau die Gründe. Die anderen Kinder stimmen dem zu. Kasperl wird immer verlegener. Schließlich gesteht er, daß die Kinder recht haben und daß er noch nie über diese Dinge nachgedacht hat. Er will nie mehr so viele Blumen auf einmal abpflücken. Und was soll er jetzt mit dem Strauß machen? Ins Wasser setzen? Kasperl hat eine bessere Idee: Er will allen Leuten, die er liebhat, mit einer Blume eine Freude machen! Die Kinder müssen ihm helfen. Sie rufen gemeinsam die Großmutter, die sehr erstaunt ist, daß Kasperl ihr ohne besonderen Anlaß einfach so eine hübsche Blume schenkt. Sie freut sich sehr, bedankt sich und geht schnell nach Hause, um die

Blume ins Wasser zu stellen. Dann rufen sie die Gretel, die Prinzessin, den Seppel, den König, den Polizisten . . . Allen schenkt Kasperl eine Blume; sie freuen und bedanken sich. Schließlich hat Kasperl nur noch zwei Blumen. Eine möchte er gerne selbst behalten. Die andere schenkt er den Kindern, die sie in eine Vase auf den Eßtisch stellen. Kasperl verabschiedet sich, denn auch seine Blüte braucht dringend Wasser.

Ich war gespannt auf die Reaktion der Kinder und auf ihre Erklärungen dem Kasperl gegenüber. Sie haben das Problem und meine Begründung offensichtlich erkannt und nachempfunden. Wenn diese Reaktion der Kinder ausgeblieben wäre, hätte ich die Großmutter heraufgeholt, die den Kasperl zurechtgewiesen hätte.

Der Sonnenhut

Figuren: Kasperl, Zauberer
Requisiten: Schirmmütze (Werbegeschenk), Zauberstab, Taschentuch

Dieses Stück führte ich spontan auf. Ein Junge sollte in den nächsten Tagen in Kur fahren und erzählte davon.

Kasperl kommt mit Tri-tra-trallala auf die Bühne. Er möchte sich von den Kindern verabschieden, denn er fährt in Urlaub, an die See. Das Kind erzählt von seinem Reiseziel. Kasperl erzählt, daß er dabei ist, seine Koffer zu packen. Er überlegt, was man alles mitnehmen muß. Die Kinder helfen ihm dabei. Da fällt ihm ein, daß er noch keinen Sonnenhut hat. Den braucht er aber, schließlich möchte er ja keinen Sonnenstich bekommen. Wo soll er jetzt an einen Sonnenhut kommen? Ob der Zauberer helfen kann? Gemeinsam rufen sie ihn. Kasperl erklärt ihm sein Problem. Der Zauberer versucht zu zaubern, die Kinder helfen ihm beim Zauberspruch. Doch nichts geschieht. Sie versuchen es noch einmal mit einem anderen Spruch. Da kommt die Schirmmütze durch die Luft geflogen. Ein Kind bringt sie dem Kasperl. Der setzt sie auf und ist fast darunter verschwunden. Die ist viel zu groß. Der Zauberer weiß keinen Spruch für eine kleinere Mütze. Betrübt verabschiedet er sich. Was nun? Kasperl überlegt, was er statt dessen als Sonnenschutz benutzen könnte. Die Kinder machen Vorschläge dazu, zum Beispiel ein Taschentuch. Gleich holen sie eines und probieren es aus. Das geht auch! Kasperl ist mit der Lösung einverstanden. Die zu große Schirmmütze schenkt er dem Jungen für seine Reise und wünscht ihm schöne Tage. Er bedankt sich bei den Kindern für die Hilfe und verabschiedet sich, denn er muß noch weiter seine Koffer packen.

Der betreffende Junge lief in den folgenden Tagen bis zu seiner Abreise – ob Regen oder Sonnenschein – stets mit der Mütze auf dem Kopf herum.

Der kleine Vogel

Figuren: Kasperl, Vogel

Das Thema dieses Stückes ist uralt und doch aktuell. Immer wieder kommen Kinder mit gefundenen Tieren, um sie zu beobachten oder zu pflegen, was ich befürworte. Wenn sie aber die Tiere, zum Beispiel Marienkäfer, tagelang gefangenhalten und als ihr Eigentum betrachten, macht mich das wütend, und ich erkläre ihnen, daß die Tiere sich in der freien Natur viel wohler fühlen. Das wollte ich ihnen mit diesem Kasperlstück nahebringen. Dazu benutzte ich einen aus Pompons gebastelten Vogel, den ich an einem Stab befestigte.

Kasperl kommt mit dem Vogel im Arm auf die Bühne. Liebevoll spricht er mit dem Tier und streichelt es. Der Vogel piepst leise. Kasperl begrüßt die Kinder und erzählt ihnen, daß er den Vogel unter einem Baum gefunden hat. Er ist wohl aus dem Nest gefallen. Ist er nicht niedlich! Die Kinder wollen ihn streicheln, was Kasperl ihnen erlaubt. Kasperl erzählt weiter, daß er den Vogel in einen mit Heu ausgelegten Karton gesetzt hat und in ein warmes Zimmer gestellt hat. Täglich hat er Würmer für ihn gesucht oder Fliegen gefangen. Auch richtiges Vogelfutter hat er gekauft. Zuerst hat der kleine Piepmatz tüchtig gefressen und ist größer geworden. Doch seit ein paar Tagen hockt er still in seinem Karton. Kasperl ist verzweifelt, denn er weiß nicht, was mit seinem kleinen Liebling los ist. Er fragt die Kinder, die keine Antwort wissen. Da fragt er den Vogel. Dieser piepst zuerst nur, doch dann beginnt er zu sprechen. Er sagt, daß er Heimweh habe und zu seiner Familie zurück möchte. Kasperl sei zwar lieb zu ihm gewesen und habe ihm geholfen, doch er sei eben ein Vogel und möchte fliegen. Kasperl meint, er sei doch noch viel zu schwach dazu. Der Vogel widerspricht und macht einen Flugversuch, kommt aber nicht sehr hoch. Kasperl freut sich fast darüber, denn er möchte das Tier behalten. Der Vogel erklärt ihm, daß man Tiere aus der freien Natur nicht einfach behalten kann, sie würden dann eingehen. Das möchte Kasperl natürlich nicht. Er sieht ein, daß er seinen Schützling freilassen muß. Der Vogel startet einen zweiten Flugversuch, und diesmal klappt es schon besser. Er piepst schon wieder richtig munter. Der Vogel setzt sich nochmals auf Kasperls Arm und verspricht, ihn manchmal zu besuchen. Die beiden schmusen noch einmal miteinander, und dann fliegt der gefiederte Freund davon. Kasperl schaut ihm lange nach. Er ist traurig. Die Kinder trösten ihn. Sie erzählen von Tieren, die sie mal gefunden haben oder zu Hause haben. Kasperl will sich zum Geburtstag von der Großmutter ein Haustier wünschen, vielleicht einen Kanarienvogel. Voll Freude über diese Idee verabschiedet er sich, denn er will gleich die Großmutter fragen.

Kasperls erster Schultag

Figuren: Kasperl
Requisiten: kleine Schultüte mit einem kleinen Block und einem Bleistift darin

Dieses Stück spielte ich vor den schulpflichtigen Kindern unseres Kindergartens. Ich wollte ihnen etwas von der Schule erzählen, obwohl die Kinder längst keine Angst mehr davor haben, dank der guten Zusammenarbeit zwischen Kindergarten und Grundschule, die unter anderem gegenseitige Besuche ermöglicht.

Kasperl kommt pfeifend auf die Bühne. Im Arm hält er die schöne Schultüte, die er von der Großmutter zu seinem ersten Schultag geschenkt bekommen hat. Und dieser Tag war heute. Kasperl fragt die Kinder, was sie schon von der Schule wissen und in welche Schule sie kommen. Die Kinder erzählen, unter anderem haben sie sogar schon einen Besuch dort gemacht. Nun erzählt Kasperl, wie es bei ihm war. Zuerst ist er mit der Großmutter und den anderen Schulanfängern in der Kirche gewesen. Dann sind sie zur Schule gegangen, haben ihren Klassenlehrer, ihre Klassenkameraden und den Klassenraum kennengelernt. Kasperl geht in die Klasse 1b der Grundschule in Kasperlshausen. Sie mußten schon richtig schreiben, und zwar ihren Namen und die Zahlen 1–6. Kasperl holt aus seiner Schultüte den Block. Da steht, was er geschrieben hat. Er fragt die Kinder, wer denn schon seinen Namen schreiben kann. Fast alle! Kasperl schlägt den Kindern vor, doch mal Schule zu spielen. Er ist der Lehrer und stellt die Aufgabe, eine 1 zu schreiben. Er nimmt den Bleistift und macht eine vor. Die Kinder kommen nacheinander nach vorne und versuchen es. Kasperl lobt sie, weil sie es so gut machen. Die anderen Zahlen können sie ja mit dem „Fräulein“ üben. Kasperl hat jetzt nämlich keine Zeit mehr. Er will ein fleißiger Schüler sein und gleich nach Hause gehen und sich an seine „Hausaufgaben“ begeben. Er wünscht den Kindern viel Freude in der Schule und geht ab.

Kaum war ich aufgestanden, wollten die Kinder mit mir Zahlen üben. Wir haben danach sehr schön „Schule“ gespielt.

Die Zahnbürsten-Aktion

Figuren: Kasperl, Großmutter
Utensilien: Zahnputzbecher mit Inhalt (Werbegeschenke), Schale mit Färbetesttabletten, Handspiegel

Jedes Jahr einmal besuchen wir mit den älteren Kindern eine nahegelegene Zahnarztpraxis. Das ist ein großes Erlebnis für alle. Das Tollste ist, daß die Kinder selber an einem Gebißabdruck den elektrischen Bohrer ausprobieren dürfen. Außerdem bekommen sie Anschauungsmaterial geschenkt, jeder einen Zahnbecher, und machen den Zahnbelag-Färbetest. Ich bat den Zahnarzt, die beiden letztgenannten Dinge mir zu überlassen, da ich im Kindergarten mit allen Kindern (unserer Gruppe) das Thema „Zähne putzen" aufgreifen und vertiefen wollte. Das habe ich unter anderem mit diesem Kasperlstück getan.

Kasperl kommt auf die Bühne. Er begrüßt die Kinder und fragt nach dem Zahnarztbesuch. Die Kinder erzählen ihm ihre Erlebnisse. Auch Kasperl war einmal bei einem Zahnarzt, weil er ein Loch im Zahn hatte, das gebohrt und gefüllt werden mußte. Das Bohren hatte etwas weh getan. Die Kinder berichten von ihren Erfahrungen. Da hört man im Hintergrund die Großmutter. Sie ruft den Kasperl. Der antwortet, und die Großmutter kommt auf die Bühne. Sie schimpft mit dem Kasperl, weil er schon wieder, ohne die Zähne zu putzen, aus dem Haus gegangen ist. Kasperl meint, das sei doch nicht so wichtig, er habe sie doch gestern erst geputzt. Die Großmutter fragt die Kinder nach ihrer Meinung. Die erzählen dem Kasperl, wie oft und wann man die Zähne putzen muß. Kasperl meint, die Zähne seien sauber, und zeigt sie der Großmutter. Diese antwortet, die Zähne seien nicht richtig sauber, sie werde es ihm gleich beweisen. Sie verschwindet kurz und kommt mit einem Schälchen voller Pillen wieder. Sie erklärt den Sinn und die Wirkung dieser Tabletten. Kasperl und auch die Kinder nehmen jeder eine, und – siehe da – plötzlich haben alle Kinder rote Zähne. Kasperl holt einen Handspiegel, betrachtet seine Zähne und bekommt einen Schrecken. Ebenso ergeht es den Kindern. Kein Wunder, daß er damals ein Loch im Zahn hatte und nun eine Füllung darin ist. Das kommt nämlich von dem Schmutz, der sich überall zwischen und an den Zähnen festsetzt. Die Großmutter hat also recht mit ihrer Forderung, regelmäßig und gründlich die Zähne zu putzen. Und damit Kasperl und die Kinder das nie vergessen, schenkt sie jedem von ihnen einen Zahnputzbecher mit Zahnbürste und Zahnpasta darin. Dann bespricht die Großmutter mit den Kindern noch, wie man denn die Zähne putzen soll. Sie weiß auch einen passenden Spruch dazu: „Auf und nieder, immer wieder!" Wenn Kinder und Kasperl das alles behalten und auch durchführen, brauchen sie bestimmt nicht oft zur Füllung zum Zahnarzt, sondern nur zur Kontrolluntersuchung. Wenn die Großmutter das nächste Mal kommt, will sie sich die Zähne der Kinder mal ansehen. Und Kasperl muß jetzt mitkommen und seine Zähne putzen, mit der schönen, neuen Zahnbürste. Die beiden verabschieden sich und gehen ab.

Als ich auftauchte, zeigten die Kinder mir aufgeregt ihre gefärbten Zähne. Ich schlug vor, sie schnell zu putzen, damit die Eltern keinen Schreck bekämen. Also gingen wir alle mit den geschenkten Zahnputz-Utensilien in den Waschraum, und dort fand eine lustige Zahnputz-Aktion statt. Ich hatte schon befürchtet, das Stück sei zu belehrend und langweilig gewesen, doch diese gemeinsame Aktion und die Erfahrung mit den Testtabletten haben den Kindern viel Spaß gemacht.

Seppel braucht eine Brille

Figuren: Kasperl und Seppel
Utensilien: Brille, kleiner Spielball

Einige Kinder unserer Gruppe sind Brillenträger. Heutzutage werden die Kinder deswegen nicht mehr gehänselt, trotzdem bringt solch eine „Brillen-Pflicht" Probleme mit sich. Zum Beispiel müssen die Kinder beim Turnen wegen der Verletzungsgefahr ihre Brille absetzen, was die allgemeine Unfallgefahr erhöht. Beim turbulenten Spiel müssen die Kinder gut aufpassen oder können gar nicht teilnehmen. Und wenn die Kinder im Winter von draußen hereinkommen, müssen sie erst ihre beschlagenen Brillengläser putzen. Dies alles ist den Kindern lästig; oft legen sie die Brillen deshalb irgendwo ab und können sie nachher nicht wiederfinden oder vergessen sie ganz. Immer wieder müssen Erzieher und Eltern die Kinder ermahnen oder ihnen die Brille nachtragen.
Diese „Brillenträger-Probleme" nahm ich als Anlaß für das folgende Kasperlstück. Dazu fertigte ich für Seppel aus Pappe eine kleine Brille, die ich nachher mit einem Gummi um seinen Kopf befestigte.

Kasperl kommt mit Tri-tra-trallala auf die Bühne. Er begrüßt die Kinder und plaudert mit ihnen über irgend etwas. Er wartet nämlich auf den Seppel, mit dem er sich zum Ballspiel verabredet hat. Kasperl geht noch mal kurz weg, um den Ball zu holen. In dieser Zeit kommt Seppel auf die Bühne. Er begrüßt die Kinder und gratuliert dem Geburtstagskind. Die Kinder sind sehr erstaunt, denn hier ist heute kein Geburtstagskind. Seppel sagt, er habe auch nur Spaß machen wollen. Da kommt Kasperl trällernd mit dem Ball zurück. Er begrüßt den Seppel, und dieser erwidert seinen Gruß. Nur schaut er dabei in die falsche Richtung. Als Kasperl ihn darauf aufmerksam macht, lacht er und sagt wiederum, er habe Spaß machen wollen. Kasperl schüttelt verwundert den Kopf. Nun fragt Seppel nach dem Ball. Aber der liegt doch vor Seppels Füßen! Sollte das wieder ein Spaß sein? Kasperl und die Kinder können über diese Späße schon nicht mehr lachen. Endlich beginnen Kasperl und Seppel mit dem Spiel. Sie haben sich auf Fußball geeinigt. Kasperl macht den Anstoß. Der

Ball rollt rechts an Seppel vorbei, doch der springt nach links und fällt auf den Boden. Kasperl schimpft etwas wie „Schlafmütze". Ein Kind hebt den Ball auf. Nun darf Seppel schießen. Er nimmt Anlauf – schießt – und landet mit Schwung auf seinem Hinterteil, denn er hat danebengetreten. Er reibt sich den Po, und Kasperl schlägt ihm lachend vor, doch etwas Zielwasser zu trinken. Das Spiel geht weiter, doch Seppel hält fast keinen Ball. Ständig müssen die Kinder den Ball wieder holen. Und dabei war Seppel früher solch ein guter Fußballer! Kasperl verliert die Lust am Spiel und sagt, Seppel solle sich besser eine Brille anschaffen, dann würde er die Bälle vielleicht sehen und halten können. Seppel setzt sich neben ihn auf den Bühnenrand und gesteht, daß er schon eine Brille hat. Kasperl ist überrascht und fragt, warum er sie denn nicht aufgesetzt habe. Seppel erzählt ihm, wie lästig solch eine Brille sei. Außerdem könne er damit nicht Fußball spielen, und er habe sich so darauf gefreut. Kasperl erklärt ihm, daß es wichtig ist, die Brille auch zu tragen, wenn der Arzt sie ihm verordnet hat. So viele Kinder hier müssen das auch. Alle brillentragenden Kinder stehen mal auf. Sie unterstützen Kasperl. Seppel muß sofort seine Brille holen, und Kasperl setzt sie ihm auf. Er und die Kinder bewundern Seppel mit der Brille. Und wenn sie nicht Fußball spielen können, machen sie eben ein anderes Spiel. Sie setzen sich gegenüber und rollen sich den Ball zu. Kein einziger Ball rollt an Seppel vorbei oder fällt zu Boden! Wie gut er wieder sehen kann mit der Brille! Wie gut, daß es überhaupt Brillen gibt! Kasperl überlegt mit den Kindern, wie es wäre, wenn es keine Brillen gäbe. Oh je, sie zählen schreckliche Dinge auf. Allmählich sieht auch Seppel die Vorteile einer Brille ein. Er verspricht, sie von jetzt an immer aufzusetzen. Dann passiert ihm solch eine Panne wie vorhin mit dem nicht vorhandenen Geburtstagskind auch nicht mehr. Die Kinder bestärken ihn. Seppel nimmt auch den brillentragenden Kindern das Versprechen ab, ihre Brillen auf der Nase zu behalten. Wenn die Brillen auf dem Schrank liegen, nützen sie keinem. Dann verabschieden sich die beiden und gehen ab.

Dieses Stück hatte natürlich keine endgültige Wirkung auf die betreffenden Kinder. Aber immerhin bedachten sie einige Tage lang ihr Versprechen diesbezüglich. Und später, als die Wirkung des Spieles nach-

Dem Kasperl hat das Spuken so viel Spaß gemacht, daß er es gleich noch einmal versuchen will. Wieder versteckt er sich, und die Kinder rufen den Seppel. Der kommt ahnungslos auf die Bühne, und gleich taucht das Gespenst mit schaurigem Gelächter auf. Seppel bekommt einen Schrecken und zittert fürchterlich. Kasperl hat Mitleid mit ihm und gibt sich zu erkennen. Seppel ist sehr erleichtert. Aber eigentlich hat er überhaupt keine Angst gehabt, er hat nur so getan. Die Kinder lachen und glauben ihm nicht. Seppel findet die Idee mit dem Gespensterkostüm so gut, daß er sich auch so verkleiden möchte. Also verabschiedet er sich.
Kasperl freut sich über die gelungene Gespensterstunde. Damit außer den Kindern niemand sein Kostüm sieht, hilft ihm ein Kind beim Auskleiden. Kasperl wünscht den Kindern noch viel Spaß beim Karneval und verabschiedet sich mit einem fröhlichen „Helau“!

ließ, erinnerte ich sie ab und zu an ihr Versprechen und an den brillentragenden Seppel. Auch in den folgenden Spielen, in denen Seppel mitwirkte, hatte er immer brav seine Brille auf.

Der verschwundene Bastelkittel

Figuren: Kasperl und Seppel
Utensilien: ein aus Papier gebastelter ,,Bastelkittel"

Einige Kinder sollen von ihren Eltern aus beim Basteln und Malen sogenannte Bastelkittel anziehen, um ihre Kleidung zu schützen. Eines Tages kam ein Mädchen und brachte mir einen aus Papier gebastelten Kittel, hübsch bemalt, für den Kasperl, damit er sich nicht ,,vollkleckere". Ich bewunderte den Kittel und versprach, ihn dem Kasperl zu bringen. Am nächsten Tag fragte das Kind mich gespannt, was Kasperl zu dem Kittel gesagt habe. Ich merkte, daß das Mädchen auf eine Reaktion von mir bzw. vom Kasperl wartete. Ich antwortete, Kasperl habe sich sehr gefreut. Er komme vielleicht noch heute, um sich persönlich bei ihr zu bedanken. Ich beschloß, ein Kasperlspiel daraus zu machen und wollte den Bastelkittel und den Kasperl holen. Aber, oh weh, ich konnte den Kittel nicht finden. Dieser war wahrscheinlich beim Aufräumen im Papierkorb gelandet. Nun mußte ich sehen, wie ich die Situation retten konnte, um das Kind nicht zu betrüben.

Kasperl kommt mit Tri-tra-trallala auf die Bühne. Er begrüßt die Kinder, besonders jenes Mädchen. Er erzählt von dem Bastelkittel, den sie für ihn gemacht hat. Er hat sich sehr darüber gefreut und bedankt sich bei ihr. Die anderen Kinder sind neugierig geworden und fordern Kasperl auf, ihn zu zeigen. Kasperl muß ihn holen und verschwindet. Kurz darauf kommt er wieder, aber ohne Kittel. Er ist ratlos, er hat ihn nicht gefunden. Er will den Seppel fragen, ob er ihn vielleicht hat. Die Kinder rufen Seppel und erzählen von dem verschwundenen Bastelkittel. Nein, Seppel hat ihn nicht. Er will gerne behilflich sein beim Suchen. Wie sah der Kittel denn aus? Kasperl und das Mädchen beschreiben ihn. Kasperl bittet auch die Kinder um Hilfe. Sie suchen im ganzen Raum. Seppel und Kasperl suchen auf der Bühne und dahinter. Sie finden ihn nicht. Die Kinder entdecken zwar vieles, aber leider nicht den Kittel. Kasperl überlegt resigniert, daß dieser wahrscheinlich beim Aufräumen im Papierkorb gelandet ist. Da kann man nichts mehr machen, das passiert manchmal aus Versehen, auch mit den Bildern und Bastelarbeiten der Kinder. Die Kinder können seine Traurigkeit verstehen. Auch das Mädchen ist betrübt. Da hat Kasperl eine Idee! Er bittet das Kind, ihm doch einfach einen neuen Kittel zu machen. Aber bitte eine Nummer kleiner, der andre war etwas zu groß. Das Kind erklärt sich selbstverständlich bereit zu dieser Aufgabe. Mehrere Kinder bieten sich an. Gut, dann hat Kasperl eben mehrere Kittel. Er bedankt sich und verabschiedet sich, und die Kinder können gleich an die Arbeit gehen.

Das taten sie auch. Bald waren einige Kittel fertig, die ich diesmal mit den Kindern zusammen an einen sicheren Ort brachte: ins Büro zur Kindergartenleiterin. Diese versprach, die Geschenke an Kasperl weiterzuleiten. Beim nächsten Spiel bedankte sich Kasperl herzlich dafür.

Eins, zwei, drei, vier . . . – wer steht hinter dir?

Figuren: Kasperl

Immer wieder führen die Kinder in Kleingruppen Singspiele durch. Das Spiel verläuft meistens reibungslos, da die Kinder wie selbstverständlich einen „Führer" akzeptieren. Leider wird diese Rolle immer vom selben Kind übernommen. Nun war ein Kind zu mir gekommen und hatte sich darüber beschwert. Diesem Kind wollte ich ohne ausschweifende Diskussion helfen. Ich holte den Kasperl, schob die Bühne vor die Bauecke, in der die Kinder eben gespielt hatten und . . .

Kasperl kommt auf die Bühne. Er sagt, daß er sich schrecklich langweile. Seppel liegt krank im Bett, und Gretel muß der Großmutter helfen. Er möchte bei den Kindern mitspielen. Diese haben gerade ein Spiel gespielt, das ihm gut gefallen hat. Wie war das noch mit – 1, 2, 3, 4 . . .? Die Kinder erklären ihm das Spiel und singen ihm das dazugehörende Lied vor:

„Im Keller ist es duster,
da wohnt ein armer Schuster.
Er hat kein Licht, er hat kein Licht
und sieht die vielen Kinder nicht!
Eins, zwei, drei, vier . . . . –
wer steht hinter dir?"

(*Kurze Erklärung:* Ein Kind dreht sich um und schließt die Augen; es ist der Schuster. Ein Kind klopft auf seinen Rücken und sagt den letzten Vers. Wenn der Schuster das Kind errät, spielt nun dieses Kind den Schuster. – Zusammen mit vielen anderen beliebten alten Kreisspielen findet sich eine Variante dieses Spiels in: Elisabeth Salzer, Rundherum im Kreis, Don Bosco Verlag, München 1984.)
Kasperl hat verstanden und fragt, ob er der Schuster sein darf. Und jenes Kind (siehe Einleitung) soll das „Fräulein" sein und die Kinder bestimmen, die zu ihm kommen dürfen. Die Kinder sind verblüfft, aber schließlich einverstanden. Das Spiel beginnt. Kasperl rät immer richtig, so gut kennt er die Kinder! Plötzlich geht das Spiel nicht mehr weiter. Kasperl wartet und wartet. Schließlich dreht er sich

um und sieht, wie die Kinder streiten. Kasperl versucht zu schlichten und meint zuletzt, dann könne er ja gehen, wenn das Spiel doch nicht weitergehe. Sofort endet die Auseinandersetzung, und sie setzen das Singspiel fort. Immer mehr Kinder kommen und spielen mit. Kasperl hat es schwer, sie alle zu erraten. Natürlich schafft er es! Am Ende bedankt er sich bei den Kindern für das schöne Spiel. Er verabschiedet sich, denn er möchte es gleich der Gretel beibringen. Singend geht er ab.

Mittlerweile waren fast alle Kinder an der Spielrunde beteiligt. Die Kinder setzten das Spiel in der ursprünglichen Spielweise fort. Und, wie üblich, übernahm das andere Kind wieder die Führung. Es war also nur ein sehr kurzer Erfolg. Trotzdem hatten alle Kinder Spaß dabei.

Der Luftballondieb

Figuren: Kasperl, Seppel, Räuber
Utensilien: zwei Beutel voll Luftballons

Dieses Stück spielte ich mit meiner Kollegin hinter einer großen Bühne während unseres Sommerfestes. Es schauten ca. siebzig Kinder und fünfundzwanzig Eltern zu.
Da wir erstmalig einen Luftballonwettbewerb starten wollten, hatten wir uns dieses passende Kasperlstück überlegt.

Kasperl und Seppel kommen mit Tri-tra-trallala auf die Bühne. Beide tragen einen Beutel voller Luftballons. Seppel beschwert sich über die schwere Last und fragt den Kasperl, wohin sie denn überhaupt gingen. Kasperl erklärt ihm, daß heute Sommerfest im Kindergarten Burg-Ranzow sei; dort müßten sie die Luftballons abliefern, weil da ein Luftballonwettbewerb stattfinden solle. Seppel weiß nicht, was ein Luftballonwettbewerb ist, und Kasperl erklärt es ihm. Ein Kind ruft, daß hier doch schon der Kindergarten sei. Kasperl und Seppel freuen sich, daß sie bereits am Ziel sind, und beschließen, da noch etwas Zeit bis zum Start ist, eine Ruhepause zu machen. Sie legen sich hin zum Schlafen. Die Kinder sollen gut auf die Beutel aufpassen.
Kaum hört man die beiden schnarchen, da kommt auch schon der Räuber und stiehlt einen der Beutel. Kasperl und Seppel werden vom Geschrei der Kinder geweckt, und diese erzählen ihnen, was passiert ist. Die Kinder zeigen ihnen die Richtung, in die der Räuber geflohen ist. Doch Kasperl und Seppel haben Angst, keiner will bei der Verfolgung vorne gehen. So streiten und stoßen sie sich eine Zeitlang.
Währenddessen schaut der Räuber aus seinem Versteck heraus und wird sofort von den Kindern bemerkt. Nun schleichen Kasperl und Seppel sich an, doch das Versteck ist leer! Der Räuber ist weg und lauert wieder in einer anderen Ecke. Die Kinder bringen Kasperl und Seppel auf die neue Spur.
Einem Kind dauert dieses Suchspiel anscheinend zu lange, es ergreift selbst die Initiative (beinahe hätte es mir die Räuberfigur von der Hand gezogen). Das Kind hat den Räuber so erschreckt, daß er aus seinem Versteck springt, und schnell können Kasperl und Seppel ihn

fangen. Er gesteht, daß er die Luftballons gestohlen hat. Kasperl schimpft mit ihm und erklärt ihm, daß die Kinder die Luftballons für ihren Wettbewerb brauchen. Der Räuber zeigt Reue und verrät das Versteck. Während Kasperl ihn festhält, holt Seppel von dort den Beutel. Dieser ist noch verschlossen, also fehlt kein einziger Ballon. Schnell verteilt Seppel die Luftballons an die Kinder. Sie sollen gut darauf aufpassen und nachher damit zum Luftballonstand gehen. Er und Kasperl wollen nun den Dieb beim Polizisten abliefern. Sie wünschen den Kindern und Eltern noch viel Spaß auf dem Sommerfest und verabschieden sich mit Tri-tra-trallala.

Die Kinder waren bei diesem Spiel sehr engagiert, da es um „ihre“ Luftballons ging. Wie sehr sie es mittlerweile gewöhnt sind, die Handlung mitzubestimmen, zeigte sich in der Eigeninitiative des Mädchens, das helfen wollte, den Räuber zu fangen. Hierbei war ich froh, ausnahmsweise hinter einer großen Bühne zu sitzen, denn sonst wäre die Figur wohl weg gewesen.

Themenbezogene Stücke

Schattenspiele mit den Kasperlfiguren

Figuren: alle bekannten Kasperlfiguren
Utensilien: starke Lampe hinter einer Leinwand, so viele Geschenke wie Figuren

Wir hatten zur Zeit als Rahmenthema „Licht und Schatten". (Dazu bieten eine Fülle von Anregungen:
– Friedrich Reinhardt, Schattenspiele für Kinder. Modelle mit Musik;
– Rudolf Seitz (Hrsg.), Spiele mit Licht und Schatten.
Beide: Don Bosco Verlag, München 1984.)

In diese Zeit fiel ein Kindergeburtstag. Ich wollte sowieso den Versuch durchführen, ob die Kinder die Kasperlfiguren hinter der Leinwand, also als Schatten, erkennen würden. Ich hatte ein ungutes Gefühl, dies als Geburtstagskasperlspiel einzusetzen, weil absolut keine Spielhandlung vorhanden war. Ich erklärte den Kindern mein Vorhaben; der Protest blieb aus, sie saßen voller Spannung da.
Nun nahm ich den Kasperl und hielt ihn vor das Licht. Die Kinder erkannten ihn sofort. Er kam hoch, erstaunt, erfreut, gratulierte dem Geburtstagskind und überreichte ein Geschenk. Ebenso machte ich es mit den anderen Figuren, und die Kinder errieten sie überraschend schnell und sicher. Nur bei Großmutter und Gretel wurden sie sich nicht einig.
Ich war sehr überrascht vom Können der Kinder. Spannung und Freude waren auch vorhanden, und so führten wir noch eine Runde durch. Diesmal hielt das Geburtstagskind die Figuren und war somit voll befriedigt. Auch keines der zuschauenden Kinder hat sich über dieses Kasperlspiel beschwert. Der Versuch ist also gelungen.

Kasperl lernt „Hans im Glück“ kennen

Figuren: Kasperl

Wir hatten mit den Kindern das Märchen „Hans im Glück“ erarbeitet. Den Abschluß sollte eine Rollenspieldarbietung vor den Eltern bilden. Dazu hatten wir passende Einladungen gebastelt. Die Aufführung war sehr schön. Da die Kinder viel Freude dabei hatten und noch voller Spielbegeisterung steckten, beschloß ich, den Kasperl für den nächsten Tag als Zuschauer einzuladen. Die Kinder waren begeistert von der Idee. Sie fertigten eine Einladung und den Briefumschlag, ich schrieb die Anschrift und den Absender darauf, und eine ganze Schar von Kindern brachte den Brief zur Kindergartenleiterin, die in solchen Fällen den Vermittler spielt.
Am nächsten Tag, pünktlich um 11.00 Uhr, waren die Kinder bereit zum Rollenspiel. Eine Kollegin übernahm die Leitung, da ich ja den Kasperl nehmen mußte. Die Bühne hatte ich etwas abseits plaziert, da die Kinder die Raummitte für ihr Spiel benötigten.

Kasperl erscheint atemlos und etwas verspätet. Er entschuldigt sich dafür, denn er mußte noch dringend auf die Toilette. Das kennen und verstehen die Kinder. Dann bedankt sich Kasperl für die nette Einladung; er freut sich schon auf das Spiel. Er möchte gerne diesen „Hans im Glück“ kennenlernen. Die Kinder informieren ihn, daß Hans eine Märchenfigur ist und sie das Märchen nachspielen wollen. Nun geht die Vorstellung los. Jeweils ein Kind oder zwei Kinder spielen eine Szene. Dazu singen alle das bekannte Lied von „Hans im Glück“, zu jeder Szene eine Strophe. Bald kann Kasperl schon den Refrain mitsingen. Begeistert klatscht er in die Hände, als die Kinder ihre Darbietung beendet haben. Es hat ihm gut gefallen. Er bedankt sich nochmals und möchte sich gleich von der Großmutter das Märchen erzählen lassen. Eilig verabschiedet er sich und geht ab.

Die Kinder waren stolz darauf, daß sie auch mal dem Kasperl etwas vorspielen konnten. Sie haben gar nicht bemerkt, daß dies eigentlich kein richtiges Kasperlstück, sondern ihre Rollenspieldarbietung war. Ich werde bei Gelegenheit sicher wieder einmal Kasperl als Zuschauer einsetzen.

Kasperl hat Streit mit seinem Freund Seppel

Figuren: Kasperl, Seppel
Utensilien: Papierflieger, Tempotaschentücher (liegen immer griffbereit in der Gruppe)

Dieses Stück habe ich anläßlich unseres Themas „Ich habe einen Freund" gespielt. Wir haben mit den Kindern auch kleine Alltagssituationen aufgegriffen und durch das Rollenspiel verarbeitet. Bei diesem Stück sollten die Kinder sich wiederfinden (Streitsituation) und eine Lösungsmöglichkeit erfahren (sich wieder vertragen).
Den Papierflieger habe ich nach einem bekannten Muster gefaltet.

Kasperl kommt mit Tri-tra-trallala auf die Bühne. In der Hand hält er einen Papierflieger. Er hat richtig gute Laune, denn er freut sich über diesen hübschen Flieger, den er gerade vor Großmutters Haus gefunden hat. Ob der auch richtig fliegen kann? Kasperl rät den Kindern, die Köpfe einzuziehen, und läßt seinen Flieger starten. Oh, wie toll! Wie lange der segelt und wie elegant er landet. Nun kann er mit seinem Freund Seppel einen Wettflug starten. Seppel hat nämlich auch solch einen Starflieger. Er sieht diesem hier sogar sehr ähnlich.
Ein Kind bringt dem Kasperl den Flieger zurück. Kasperl läßt sein Spielzeug nochmals durch die Luft segeln. Er ist so vertieft, daß er den herankommenden Seppel weder sieht noch hört. Erst als dieser wütend „Guten Tag" sagt, bemerkt ihn Kasperl. Aufgeregt zeigt er seinem Freund den tollen Flieger (den ein Kind ihm wieder zurückgebracht hat). Seppel betrachtet ihn und wird noch wütender. Er behauptet, dies sei sein Flieger, den er verloren habe. Kasperl aber sagt, er habe ihn gefunden, und darum sei es nun sein Flieger. Seppel widerspricht und versteckt den Flieger hinter seinem Rücken. Kasperl will ihn wiederhaben und knufft seinen Freund. Es entsteht ein Gerangel zwischen den beiden. Dabei reißt das Papier, und der Flieger ist kaputt. Seppel weint und sagt, Kasperl habe seinen Flieger zerrissen. Er sei gemein und nicht mehr sein Freund. Nie wieder würde er mit ihm spielen. Seppel setzt sich in die Ecke und weint vor sich hin. Kasperl tut zunächst so, als würde ihn das alles nicht treffen. Er hockt sich in die andere Ecke und spielt verlegen mit dem zer-

rissenen Flieger. Ab und zu schaut er zu Seppel. Schließlich fängt auch er an zu weinen; das muß er nämlich immer, wenn er jemanden weinen sieht. Er fragt Seppel nach einem Taschentuch, doch der hat auch keines. Er bittet die Kinder um eines, nein, gleich um zwei, für seinen Freund auch eines. Beide schneuzen sich kräftig. Kasperl rückt näher, schaut Seppel an und murmelt etwas von „Entschuldigung". Seppel nickt, und dann sitzen sie eine ganze Weile da und sagen nichts. Schließlich schlägt Kasperl vor, doch zwei neue Flieger zu basteln, für jeden einen. Seppel schaut auf, er ist einverstanden. Kasperl fragt, ob sie dann auch wieder Freunde sind. Klar! Versöhnt stehen die beiden auf, haken sich unter, verabschieden sich von den Kindern und gehen nach Hause, um neue Flieger zu basteln.

Die Kinder waren sehr still und verdutzt während des Spiels. Noch nie hatten sie Kasperl und Seppel streiten und weinen sehen. Ich spürte, daß sie sich wirklich identifiziert haben mit dem einen oder dem anderen. Besonders der bittere Satz: „Ich spiele nie mehr mit dir" ist ihnen ja durchaus geläufig. Sie waren sehr erleichtert über das Happy-End. Eine unmittelbare Folge des Stückes war, daß sie gleich danach begannen, für sich und ihren Freund einen Flieger zu basteln. Die andere, langfristig von mir erhoffte Konsequenz war nicht so eindrucksvoll. Nach wie vor gab es „entlassene" Freunde. Meist waren sie jedoch nach einem Gespräch, mit Erinnerung an das Kasperlstück, schneller zur Versöhnung bereit.

Augen auf im Straßenverkehr

Figuren: Kasperl
Requisiten: zwei kleine Spielzeugautos mit Spielfiguren darin, ein mittelgroßer Laster, Zebrastreifen, Holzbausteine als Randstreifen, Arbeitsblatt mit Verkehrszeichen, Kinderspielampel

Der große und der kleine „Putz" hatten uns im Kindergarten besucht. Der „große Putz" ist ein Verkehrspolizist, der mit einer Polizisten-Marionette (kleiner Putz) Verkehrserziehung in verschiedenen Einrichtungen durchführt, übrigens mit großem Erfolg. Dies haben wir mit einem Rahmenthema vertieft. Unter anderem habe ich dieses Kasperlstück durchgeführt. Dazu brauchte ich ein Arbeitsblatt mit den Verkehrszeichen darauf, die den Kindern bekannt waren. Ferner fertigte ich aus Pappe einen Fußgängerüberweg, holte unsere Kinderampel dazu (etwa ein Meter hoch, in fast jedem Kindergarten vorhanden) und suchte die übrigen Utensilien zusammen. Dann baute ich im Beisein der Kinder eine Straßensituation auf der Bühne nach, mit Randstreifen, Zebrastreifen und Fußgängerampel. Die Fahrzeuge schob ich einfach über die Bühne.

Kasperl kommt mit „Tatütata" auf die Bühne. Er lacht und begrüßt die Kinder. Fast hätten sie ihn für den kleinen Putz gehalten, der auch so in die Gruppe gekommen war. Kasperl hat den kleinen Putz damals vorne im Flur getroffen und sich mit ihm angefreundet. Dieser hat ihn gebeten, nach ein paar Tagen mal die Kinder zu besuchen und sie zu testen, was sie noch von dem behalten haben, was er ihnen erzählt hat. Deshalb ist Kasperl heute gekommen. Gleich beginnen die Kinder zu erzählen, und Kasperl geht auf ihre Äußerungen ein. Nach einiger Zeit holt er das Arbeitsblatt und fragt die Kinder nach der Bedeutung der verschiedenen Verkehrszeichen. Kasperl lobt die Kinder, weil sie soviel wissen. Dann weist er auf die aufgebaute Straße, über die er gerne sicher hinüberkommen möchte. Dabei sollen die Kinder ihm helfen. An der Seite (vor der Bühne) steht eine Fußgängerampel. Da ist es wohl am sichersten. Wie ist das mit den Farben? Die Kinder kennen einen einleuchtenden Spruch: „Bei Rot mußt du stehen, bei Grün darfst du gehen!" Der gefällt dem Kasperl. Er wiederholt ihn und schaut auf die Ampel. Noch ist sie rot – also muß er stehenbleiben, auch wenn kein Auto kommt. Dann kommt das grüne Licht (von einem Kind bedient), und Kasperl geht zügig über die Fahrbahn. Wie ist es aber, wenn keine Ampel da ist, sondern nur ein Fußgängerüberweg? Das wollen sie gleich versuchen, und ein Kind stellt die Ampel an die Seite. Auch hierfür kennen die Kinder einen Spruch. Gemeinsam sprechen sie ihn, und Kasperl macht genau, was sie sagen: „Erst stehen, dann hören, dann sehen, dann gehen." Da kommt ein Auto angebraust und fährt einfach weiter. Kasperl kann gerade noch nach hinten springen. Wie gut, daß die Kinder ihn durch ihr Rufen gewarnt haben. Kasperl versucht es noch mal. Wieder kommt ein Auto angefahren, aber dieses hält vor dem Zebrastreifen, und Kasperl kann sicher über die Straße gehen. Das ist nochmals gutgegangen! Kasperl fragt die Kinder, wie er denn über die Fahrbahn gelangen kann, wenn nicht einmal ein Fußgängerüberweg da ist. Sie wollen auch dieses ausprobieren. Ein Kind nimmt den Zebrastreifen weg. Puh, ist das gefährlich! Jetzt müssen die Kinder besonders gut mit aufpassen! Wieder gilt der zweite Spruch: „Erst stehen, dann hören, dann sehen, dann gehen!" Gerade kommt ein dicker Lastwagen angefahren. Den läßt Kasperl vorbei. Er und die Kinder schauen nach rechts und links, und bei „Los" überquert er rasch die Straße. Juchhe, er hat es geschafft! Aber nur mit Hilfe der Kinder! Kasperl bedankt sich bei den Kindern und verabschiedet sich. Er möchte gleich dem kleinen Putz schreiben, wie gut die Kinder seine Ratschläge und Sprüche behalten haben. Den Zebrastreifen dürfen die Kinder zum Spielen hierbehalten.

Dieses Stück hat den Kindern gut gefallen, da sie mitverantwortlich waren für die Sicherheit des Kasperls. Würden sie doch nur im tatsächlichen Straßenverkehr auch immer so aufpassen!

Kasperl geht mit zum Zirkus

Figuren: Kasperl

Dieses und das nachfolgende Stück habe ich noch nicht im Kindergarten ausprobiert. Ich möchte sie aber in unseren nächsten Rahmenplan „Zirkus in unserer Stadt und in unserem Kindergarten" einbauen. Ich schreibe eben auf, wie ich mir Inhalt und Verlauf denke.

In absehbarer Zeit wird ein Zirkus in unserer Stadt gastieren. Da unsere Kinder auch sonst gerne „Zirkus" spielen, wollen wir ein Rahmenthema daraus machen. Als Einstieg möchten wir mit den Kindern die Tierschau besuchen (einige gehen sicher auch mit ihren Eltern in die Aufführung). Dabei darf uns der Kasperl begleiten. Ich werde ihn einfach in die Jackentasche stecken. Von da aus kann er all das sehen, was wir auch sehen werden. Er wird Fragen stellen, staunen, Antworten geben, Freude haben, genau wie die Kinder. Diese werden wohl viel um ihn (um mich) herum sein. Sie werden deutlich sehen, daß ich für ihn spreche. Aber das wissen sie ja längst, und die Erfahrung hat gezeigt, daß es sie nicht stört. Am Schluß unseres Ausfluges werde ich den Kindern und dem Kasperl verraten, daß wir im Kindergarten auch „Zirkus" spielen werden, so richtig mit Kapelle, Kostümen, Tieren und Kunststücken. Dann muß der Kasperl mal kurz weghören. Ich werde mit den Kindern überlegen, ob wir den Kasperl dazu einladen wollen. Natürlich werden sie zustimmen und die Einladung gleich aussprechen, worauf Kasperl sich bedanken wird. Er kann es jetzt schon kaum mehr erwarten. Zum Schluß wird er sich „auf bald" von den Kindern verabschieden.

Wir werden in den darauffolgenden Wochen vieles zum Thema „Zirkus" mit den Kindern unternehmen. Der Abschluß wird eine Rollenspielaufführung sein mit dem Thema „Zirkus in unserem Kindergarten", wozu auch die Eltern eingeladen werden.
Am nächsten Tag spielen wir das Ganze nochmals, und dazu wird dann Kasperl eingeladen.

Kasperl kommt zur Zirkusvorstellung

Figuren: Kasperl

Mit solchen wiederholten Aufführungen vor Kasperl haben wir schon positive Erfahrungen gemacht (siehe das Stück: „Kasperl lernt Hans im Glück kennen", S. 90). Den Ablauf der Zirkusvorstellung denke ich mir ähnlich.

Kasperl kommt mit Tri-tra-trallala auf die Bühne (die irgendwo abseits stehen wird). Er begrüßt die Kinder und bedankt sich für die Einladung. Er ist schon schrecklich gespannt. Dann gehen die Lichter aus, ein Scheinwerfer beleuchtet die „Manege". Der „Zirkusdirektor" stellt die einzelnen „Künstler" vor. Bei der „Raubtiernummer" bekommt Kasperl etwas Angst. Jedesmal klatscht er mit dem begeisterten Publikum. Oft stößt er bewundernde Zwischenrufe aus. Auch die Kapelle gefällt ihm. Wenn die Darbietung beendet ist, bedankt sich Kasperl für die schöne Vorstellung. Er will gleich nach Hause, um mit Gretel und Seppel auch Zirkus zu spielen.

Ich wünsche Ihnen viel Spaß bei der praktischen Durchführung dieser einfachen Kasperlstücke, die ja nur eine Anregung sein sollen. Der Versuch lohnt sich, wie Sie bald an der Begeisterung der Kinder merken werden.